東京
馬場

著者が少年時代、木刀や真剣で素振りをした五島の石田城趾

続 剣道藝術論

はじめに

日本の伝統であり文化にまで昇華した剣道も戦後復活と同時にスポーツ化し、スポーツ形式の枠組みの中での発展に限定されて現在に至っている。当然日本におけるスポーツの枠組みの中となれば目的は試合中心にならざるを得ないのは理の当然といえる。そして、組織も運営は試合昇段審査が中心になるが故にマスコミに載せるべき努力もしなければならないし、広告による収入等も考えねばならない。必然的にその方面へ勢力を割かざるを得ない。こうなると、伝統や文化性が希薄になり、科学性が前面に強調され、若さ、スピード、パワー中心となり、芸道としての生涯剣道は不可能となり、剣道人生も体力と共に短くなり自然引退の道を歩むことが当たり前となりつつあるのは、まことに先人の残してくれた伝統文化の破壊に助勢しているように感じられてならない。

日本の真の武道の中心である剣道は、スポーツの要素や、科学性や競技性をも含み、更に自然界の法則、いわゆる「天地運転の枢」を重視して「不老の剣」の境地へと進化したことに先人の遺徳を感ぜずにはおれないのである。我々現代人が正しい未来へ進むには、例えば神道無念流の究極の極意「体無き体」の至妙、いわゆる「剣は手に随い、手は心に随う。心は法に随い、法は神に随う」を自覚することが大切である。神に随うとは自然の理合、摂理の究明にあることはいうまでもない。

我々現代剣道人のめざすところは、道場の白線の中のみにとらわれず、一歩でも二歩でもこの枠の中から外へ出て「大自然を師として」精進した先人の教えを今こそ実践することこそ急務であるということに一人でも多くの人が気づいてくれることを願うものである。これはまた言葉をかえるならば、これこそ真の意味の「文武両道」「文武不岐」の先人の教えの実現ではないだろうか。

すでに述べた「天地運転の枢」は自然を尊び、大切にして自然の移ろいを流儀としているのである。神の陰にかくれる神陰流や北辰、「天地運転の枢」即ち不動の北極星からきた北辰一刀流とか五行の構えにみられる地、水、火、風、空とか、またこのことを竹刀に表現した仁、義、礼、智、信の五つの節、鍔元から下にある三つの節の天、地、人などである。

このように先人は「自然と合体して人間を練らなくては、と竹刀が教えてくれている」し、「剣道を修行するのは人間としての道理を探求することにある」と教えており、だから物をそして「竹刀を大切にしなければならない」と教え諭していることに気がつかねばならない。

日々着用している袴にしても五本の折りひだは神社に詣でた先人の五穀豊穣の祈願のあらわれであり、後ろの二本の折りひだを押さえた腰当ては、内乱を戒めた「和」をあらわしたものと伝えられ、これらも天地宇宙につながる広大な学問であったろうことは明白である。

このことから先人の子孫であり現代人である我々は「温故知新」の先達の教えを再確認し、究極の心「心とは如何なるものを言うやらん、墨絵に書きし松風の音」の精神を求め、父武雄の教え「もののあわれを感じ、風流で優雅さがあり、思いやりのある人づくり」こそ重要であることを認識し、私の意図するところを理解していただきたい。

最後に本書の制作にあたって前作同様、当時剣道時代の光成耕司編集員と感性豊かな芸術写真家、故徳江正之両氏やスタッフの方々の協力なくしては完成しなかったであろうことに感謝し、読者が本書から何らかの人生のヒントを得られるならば、著者として幸甚である。

令和三年十一月三日

馬場欽司逸翠

続　剣道藝術論　目次

口絵本文撮影――徳江正之

第一章　五島の剣

五島の海と少年達の瞳は澄んでいた

私の『藝術論』も思いがけなくも2年になろうとしていますが、今回、私自身の剣道の原点をもう一度見直すために郷里の道場へ出かけることにしました。

空路東京―福岡経由で福江空港に向う上空から見渡す8月の五島列島の島々は、まるで南国の楽園と見紛うばかりのエメラルドの海と緑の島が点在し、海岸線の砂浜はあくまでも白く珊瑚礁に抱かれ、椰子やアコウの大樹が亜熱帯の風情をかもしだしていました。

空港からただちにその足で、当日稽古日ということで久し振りになつかしき道場へ出かけました。道場の玄関に立つと、竹刀の音ひとつしない静寂さに、ふと稽古が終ってすでにみんな帰った後だったかと錯覚するほどでした。

道場へ上がる前に、まず玄関において、躾教育の原点をまざまざと見せつけられ、同行した大学生の息子と思わず顔を見合わせました。それは百名余の履物が整然と列べられていて、まだ見ぬ子供達の心が履物に「修行は足下から」の精神として表現されていたのです。

そこで、悪戯心が起き、猜疑心も手伝って、1階のトイレの履物はと見てみると、これまた見事に整然と列べられており、一本取られました。私達の40数年前の教育は今も脈々と一人の老剣士の一貫教育に尽きることなく指導されていたのです。

道場へ入ると神前の見所《けんぞ》に座する師に対して、下は3歳の幼児から、小、中、高校生、社会人に、数名の熱心なるお母さん剣士が微動だにせず、背筋の伸びた立派な正座の姿で、それは希望に燃えた感動的ともいえる表情の豊かさと澄んだ瞳で熱心に師の話に聞き入っていました。

何よりも私が集中しているな、と感じた点は、子供達の膝の上に置かれた幼い「もみじ葉」の指先でした。

師は常々「指先の教育」をよく強調して指導していました。藝術家でもある師は、指の「末梢神経は大脳につながる」のだからと、箸の持ち方から食事の作法、ひもの結びの文化、そして正座時の指の教育では、今も忘れられない教えとして「母指離れれば四指ことごとく離れ、母指合寄れば四指ことごとく従う」という言葉です。いまに指をそろえ、指先を離さず膝の上に、こころもち締めて八の字に置くかが大切な集中力の要となり、これでほどよい精神状態を保っておくことができるのでしょう。

子供達の純粋な無我の姿を拝見し、「三つ子の魂、百までも」の躾教育の最重要性を感じとることができました。しかも百名余もいれば、一人くらいは、と思うのですが、それが子供達によくよく認識されているらしく、例外がいないのが全く不思議なことでした。

また3歳からの幼児達がなぜこんなにも立派に出来るのかつぶさに観察してみたのです。すると小学生低学年の先輩が、優しく、こまやかに注意し、教え導いてあげているのです。なんと小学1年生が、幼稚園児の礼儀作法や躾のお手本となり、助言者だった訳で、上級生たることを意識することが自然と配慮されていて、またひとつ感心させられました。

私が感動したことは、この道場教育が家庭や社会で大いに発揮されていることでした。そして子の汗している姿を多数の親がこれまた熱心な熱い眼差しで静粛に見学している現実でした。

「正しい拝神の礼によって始まり、正しい拝神の礼によって終る五島の剣道」さらに正しい刀法に準じた竹刀の取り扱いによる作法、このように礼法と実践では文句なしに日本一の折り紙がつけられるほど、正に心のこもった丁寧この上なし、なのです。そして町で行きかう時、ひと目でわかる礼儀正しい挨拶、島の少年達のお手本となっているのです。親の熱心さもわかろうというものです。

歴史と風土

五島列島は、東支那海の絶海の大洋に浮かぶ百数十よりなる山紫水明の火山群島であり、西海国立公園の指定を受けた地質学上からも貴重な列島である。かつては高貴な人々が当時の政治犯として、流人として住んでいた島、五島。

源氏、平家の合流した血統の人々が平和に暮らした島、五島。

五島家を母体として、福江藩、富江藩に分かれて、黒船来襲に備えると共に、殖産興業並びに武道に激しい研修と対立があり、ために隆盛を極め、剣道は新陰流、小野派一刀流、居合に越後流、柔術に堤山宝山流を伝えた島、五島。

古くは遣唐使、遣隋使の寄港地としての歴史の島であり、弘法大師（空海）が無事帰還し、最初の布教の地となった大宝寺を持つ島、五島。

長崎で殉教した26聖人の1人、ヨハネ五島（19歳）を先人に持ち、島々の入江に日本最多で美しい28の教会を持つ敬虔な隠れキリシタンの島、五島。

東支那海から大陸奥地にまで勇名をはせた倭寇の根城を持つ島、五島。

青は藍より出でて藍より青し

辞典によると、青色は藍で染めたものであるが、その藍よりも青いというので、教わった師よりも弟子の立ちまさったことのたとえ、ということです。

正しく師の教えの源流は、「地理的に日本は世界の小島なり。そして、五島は更に日本の孤島なり」で、いかにして五島の子供達に剣道を通した総合教育により、視野を広げ、日本本土に活躍の場をつくり、やがては師を越え「日本のリーダーたる人物たれ」これに尽きるように思います。私の眼から見て、至誠の人、いわゆる現代の吉田松陰とは、こんな人物ではなかったかと思われるところが多々あるのです。弟子の私をして、不思議なことは「なぜ絶海の孤島に住まいながら日本や世界が見通せるのか。なぜ剣道界の盲点や進路が読めるのか」なのです。

我が師、馬場武雄は、旧制五島高等女学校、青年学校、旧制五島中学校で教練と漢文を、戦後は県立五島高等学校にて国語、保健体育の教鞭をとった教育者であり、一方、寺院本殿の木彫や珊瑚彫刻に数々の秀作を残しています。また地理や考古学、人類学に精通し、西海国立公園の実現に奔走し、故、柳瀬良平氏（元陸軍少佐、剣道七段）と二人して観光協会会長、副会長となり、大いに尽力して見事に成功させたのです。しかもこれがボランティアであり、全てが自費であったことに驚ききんじえませんでした。

若くして相撲道を学び、剣道は祖父より代々伝わる北辰一刀流、新陰流、小野派一刀流を学び、その他、柔道、合気道、弓道、居合道においても祖父より越後流を学び、十手術、柔剣術、薙刀、剣舞、詩吟、書道に三十余段の段位、称号を有し、和歌、俳句に号、逸水として精通し、これらを剣道を通した人間教育に取り入れたのです。

このように多種多様な学問に触れることによって弟子達は、おのずと視野が広まり文武の道を邁進し、やがては子供達は中央へ巣立ち、師を越えていくことでしょう。それが師の教えの原点だと信じています。

指導は実にすっきりとしていて、一に大きく、二に真っ直ぐ、三により遠くから、の三点に尽きるのです。

私は3歳より剣を握り、当時は禁止されていたので、五島藩の福江居城であった石田城跡の世間の眼にふれない袋小路の境内において小学校に入る迄、木刀や真剣による素振りのみが主な稽古法でした。当時は地面での素足による稽古ですから、幼少時は、現在の道場稽古における踏み込み足が不可能であり、開き足と歩み足主体の素振りに明け暮れました。

今になって感謝していることがいくつかありますが、1つは当時、少年用の防具など存在しなかったことです。10歳、8歳違いの兄達の銃剣道改良防具稽古を横目に一心に素振りに専念でき、真剣を持って剣道が始められた幸運に現在の基礎があります。おかげで5歳にして大日本帝国剣道形を五島東西大会において師の導きによって、特別に披露できました。

このことは誰よりも数多くの基本稽古に数を掛けられたことにあり、また時には境内の四隅に大枝を広げた楠の大木を師として切り返し、左右の胴打ちによる開き足の鍛錬となったことにあります。また我が家の裏庭には正式な土俵があり、武道の本体ともいえる足腰の鍛錬である擦り足、四股、鉄砲や股割り等によって十分鍛えることができました。

さらに家庭では兄弟にそれぞれ役割分担が決めてあり、私の仕事は父の工房の土間と表通りの水まきと清掃、そして家庭の燃料ともなった薪割りでした。母とすぐ上の兄と3人で製材所へ行き、端材を格安で譲ってもらい、これをリヤカーで引いて持ち帰り、鋸《のこぎり》にて引き、それを縦割りに鉞《まさかり》（大形のオノ）にて処理し、これを鉈《なた》にて風呂用の長さと、台所の炊事用の長さに切り分ける訳《わけ》です。父によく「手の内が良くなること請け合うよ」と励まされ、その気になって山積みに割り切りしたものでした。

このように五島は山紫水明に恵まれ、この中で遊ぶことによって自然に足腰が鍛錬され、それに師の訓育によって子供達は成長し、やがて広い世間へ巣立っていくのです。

しかも目的を「もののあわれを感じ、風流で優雅さがあり、思いやりのある日本人たれ」として修行しているのです。そこから「五島の剣」そして「五島の面打ち」が生まれたのです。

五島の師弟と人脈

現在、師の教えを継がんとして次の道場が存在します。師、武雄の「雄」の文字と彫刻における得意の「龍」の文字を戴いているのが特徴です。

「雄倫館」山口氏（長崎市）。「雄林館」小林氏（五島、崎山）。「雄峰館」峰氏（上五島）。「雄岳館」菊谷氏（五島、岐宿）。「西龍館」鳩山氏から引き継いだ田中信孝氏（五島、富江）。「雄武館」長男、武典（長崎市）。「雄心館」次男、勇司（長崎市）。「雄心塾」四男、欽司（東京）。そして本家道場は五島、福江市の「西雄館」道場となるわけです。

特筆しておきたいことは、師の剣道を実践するのに尽力した故柳瀬良平氏、故藤原兵馬氏、赤尾光辰氏、木本忠則氏（各七段教士）の存在です。

優雅な美しい剣道をめざしながら、では試合はといえば出身者を思いつくままに列挙すると、全国税関大会に6回の団体、個人優勝の実績を持つ、次男勇司範士八段（長崎税関）、戦後の全日本学生優勝大会において、第1回目の国士舘大学を主将、大将として初優勝に導いた、三男英樹教士七段（諫早東高校教諭）、2回目の優勝時の主将で大将の四男欽司教士七段（国士舘大学）、第3回

目の優勝時の主将で大将の藤原崇郎範士八段（広島、安芸高校教諭）、世界選手権大会団体優勝・同総監督、全日本八段選抜準優勝、全日本東西対抗大将、全日本剣道連盟役員として活躍、第4回目の優勝時の副主将で副将の安永宗司教士八段（静岡市立高校、教諭）、第6回目の優勝時の片山倉則教士八段（長崎西高校教諭）……。

その他、能雅孝教士七段（八千代東高校教諭）、日大出身の灰谷達明教士八段（長崎日大高校教諭・全国教職員大会団体優勝メンバー）さらに長尾正博・教士七段（長崎北陽台高校教諭）、安永英敏教士七段（長崎猶興館高校教諭）、安永勝也教士八段（静岡県警機動隊）。藤原昌史教士七段（佐世保南高校教諭）。片山実男（筑陽学園教諭）。

女性陣では桜木はるみ（旧姓、馬場）教士七段―インターハイ女子個人戦、準優勝（主婦）、内海智恵子教士六段―国士舘大学時は、第1回全日本女子学生優勝大会優勝（先鋒）、全日本学生地域選抜大会、個人優勝（筑陽学園教諭）。藤崎金子（旧姓、大村）教士七段―第1回全日本女子学生優勝大会優勝、大将（主婦）。その他数多くの剣士を世に輩出しています。特筆すべきは三男英樹の教え子で国士舘大学卒業後、長崎県の教員として誰よりも父武雄の精神を受け継ぎ実践した笹山晃教士七段の存在も見逃せません。（※註・称号段位令和3年5月時点、所属は平成3年時点）。

以上のことで、私が不思議だと思われることは、なぜ試合にこだわらない人間教育の剣道を指導しているのに、このような多数の剣士が育ってゆくのかということです。簡単に説明がつくとすれば、藝術や文化として教育した剣道に優勝が勝手に向うから近づいてきたとしか表現できないのです。

剣道を愛好し、日夜修錬を重ねる世界の皆様、五島の剣がめざす精神と実技の特色、一に大きく、二に真っ直ぐ、三により遠く、をめざして優雅なる剣道をめざされんことを希望します。

愛国心

稽古の特長の一つは、一糸乱れぬ礼儀作法にあり、そこには神殿と国旗が存在するのです。その精神は先に述べた「もののあわれを感じ、風流で優雅さがあり、思いやりのある日本人たれ」を目的として修行し、その実践の第一は、「感謝と思いやり」の心であり、その表現の第一歩は拝神の礼、なのです。いわゆる「神を祭り、神に仕え、神の心を我が心として、世道人心を正していく」その原形は「二礼、二拍手、一拝」の所作であり、その神の心が荘厳で美しく子供達の心の中に宿っているのです。

国際化、国際人の育成が叫ばれている現在、我が国民に最も欠けていることは、大和民族の精神であり、自由主義の履き違いなのです。固有の民族意識なくして真の国際人は育ちません。各自の国を愛する者が触れ合い、切磋琢磨し、融和して初めて真の国際人が誕生するものと信じます。国際人の育成うんぬんを言う前にまず、民族精神の柱となるべき愛国心の教育が確立実施されねばなりません。

故・岡潔先生は日本人の「愛国心」について昭和46年3月19日（火）の某新聞の九州版で次のように話されています。

「無造作に着こなした和服でペタッとすわり『日本はこの一代で非常にダメになった。もう一代でお話にならんもんになりますね。このままでは仕方ないなあと思いますが、人力ではとても元に戻りません。神々の動きに待たないとどうしようもありません。

どうしてダメになったかというと教育がいけない、アメリカのまねをして自己中心主義や個人主義がいいことだ、と教えるんですね。だからいまの若い人は日本的情緒をまるでわかりゃあしない。愛国心がさらさらない。いまから果たして立ち直れるか、大変心配していますが、いくらいっても聞きません。』

ここまで一気にしゃべり、火をつけて口もとまで持っていっておきながら吸うひまのなかったハイライトをはじめて一服。こちらを見つめた目はそのまま。

愛国心がなくなったのは――

『ええ、人には二つの心があります。第一の心は大脳前頭葉にある感情や意欲、理性の主人公で〝わたし〟をいれないと働かない。わたしはうれしい、わたしは考える、わたしはほしいという心です。

第二の心は〝わたし〟をいれようと思ってもいれられない無私の心で大脳頭頂葉にあります。この心の中心は情緒であり、自我をおさえる心で、欧米人はこの存在を知っちゃあいない。東洋人、とくに日本人だけが知っています。すべての本当によいもの、伝統のよさは、第二の心にあり、第一の心はこの召し使いにすぎません』

さすがに大数学者、理詰め一本で話がすすんでいくが、こちらには少しむずかしすぎる。

『そうですか、ちっともむずかしくないですよ。外国の花を日本へ持ってきて千年もすれば日本の花になったのも、俳句や和歌の世界も武士道も、すべて第二の心なんです。ところがどうです。戦後の教育は。唯物主義のアメリカをまねて。人工衛星をあげ月に着陸しても、それはそれだけのことで、人はなぜうれしく、なぜあわれに思うのかわからない。

愛国というのは、自分の国がすぐれているから愛するという勘定高いものでなく、愛するからすぐれたところを捜し出すといったもんなんです。個人のことしか考えない教育で、どうして第二の心を取り戻し愛国心が生まれるでしょうか』

じゃ、どうすれば――

『根本的に教育を変え、国語と歴史から日本の伝統を教えることですが、これだけダメになると、もう無理ですね』

と、まるでこともなげ。そして心配になって身を乗り出すのを待っていたように、

『結局、日本は日本でなくなります。といって欧米にもなれませんね。滅びなければ仕方ないのです』

目はまだこちらを向いたままである。周囲がまだほとんどたんぼの、奈良・新薬師寺に近い閑居

でのこと」

結局、教育者であった師武雄は戦後の学校教育に少なからず失望し、学校教育に欠落した重大な意味での真の国語と歴史に最重点を置き、剣道を通した民族学に情熱を燃やし続けているのです。

ところで現在の日本の学校教育の不思議さを指摘されている点が多々ありますが、その一つに、入学試験時における合否を決定づける際、例えば国語70点、英語が80点のA学生と、逆に国語が80点、英語が70点のB学生、いずれも合計150点としますが、さてここで現実問題として、入学選考委員会では、ボーダーライン上の2人のいずれかの合格を選択する場合、その決定的要因となるのは英語が上だということなのです。ですから合格はA学生ということになります。

しかし某、英語圏出身の教授は「日本人はどうして一番大切な母国語よりも外国語の方を高く評価するのか理解できません。世界の入学選考基準はまず母国語が最重要であり、外国語は第2、第3となるのは常識なのですがね」。この言葉を我々日本人はどのように受けとめたらよいのでしょうか。

例えばA学生、B学生ともに国語が同点というのであれば、次の要因として英語の点数の高い方を優先する。これならば何人たりとも決定事項として理解できるでしょう。国の特色ともいえる伝統や歴史、文化が戦後次々と抹消され、国家も教育界も自信を失った結果、世界人から不思議な国と言われたり、決定的な信頼感の持てない国と思われている所以がこのようなところにも現われているのです。

欧米諸国のように国の歴史が戦争そのものであり、歴史学そのものが十数回の戦勝であり、十数回の敗戦であった国民の民族性のたくましさは、我が国、日本のように海に抱かれて安全な国とは違って、負けた数十回の間はいわゆる占領であり、母国語は占領国語に取ってかわられるのです。ですから何としても母国語を強調し、民族性や国家意識を植えつけることに各国が執念を燃やし続けているのです。

我が国は国際人の育成といいながら独自の国家意識を持たないまま、あるいは日本国、日本人とはなんぞやと教育しないままで、国際人を育成しようという非に気がついていないのでしょうか。ではどの段階の教育機関で真の歴史や民族教育を実施してくれるのでしょうか。たった一度の敗戦によって経済性以外の分野での自信を喪失した日本。だからこそ、外国人からみての経済の分野は、金稼ぎの上手な国民としか映らず、いわゆる成金主義の国、日本として国際的に評価されてしまいがちなのが真実ではないでしょうか。

国際的に信頼されるパートナーになるには、このへんの問題点に気づき、国も財界も教育界も急ぎ取り組まねば、特色のない国、日本としてしか受け入れられないでしょう。

次の問題について、真剣に考えてみて下さい。現在の日本がもし、経済大国でなかったとしたら、世界一の経済援助国でなかったとしたら、サミット（先進国首脳会議）や国連会議における日本の地位等について背筋が冷たくなるのは、私だけでしょうか……。

ごく最近の報道でも、ソ連国内においてバルト数ヶ国の独立運動が起きています。私達の感覚では、今ごろ独立運動などピンときませんが、色々原因はあるのです。その原因の一つに少数民族の母国語を公用語として使いたいとの要求があります。連邦国家とはいえ、民族性を無視した政治がいかにその存在をも危険に晒すことになっているか……。

我が師は剣道を通して社会を、国家を、世界を考える心を指導していくのです。このことを強烈に再確認したのが今回の私の原点の旅でした。

旅の終りに、空港に数十名の五島の海のように澄んだ瞳を持った少年、少女達が見送りに来て、雲海に消える私達の機影にいつまでもいつまでも手を振ってくれた純真な姿が、今も心に焼きついています。

第二章　剣道家の迷走

稽古は試合のために？

斯界では「稽古は試合のように、試合は稽古のように」とよく言われます。しかし現在では、それは単なる空念仏であって、まるで実践されていないのが現実のようです。

試合というのは、ある意味で稽古における自分自身のテーマがどの程度、目標に向って進んでいるかを互いに確かめ合うためのものだと思います。ところがその稽古にテーマがない。テーマがないということは、すなわち師が存在しないということでもあります。ただなんとなくという稽古をして、それを「試合のように」と言っても、冒頭に掲げたいわゆるスローガンは何の意味もなさないと思います。

意識（テーマ）をもって取り組むということは非常に大事なことです。が、そのテーマがただ単に試合に勝つということだけであれば、勝てなくなって引退をしてしまうと、急に張りがなくなり、衰えを感じさせるものです。

しかし残念ながら現在ではそういった剣道が主流になりつつあります。あまりにも試合にこだわり過ぎてしまったことにより「稽古は試合のためにだけに」という新しいスローガンさえ生まれてもおかしくない状況です。そしてそれは同時に数多くの弊害をも生み出しています。試合にこだわり過ぎることの意識の高まりが本来の立派な剣道のあり方を見失わせ、かつそれにこだわらなければ情熱がなくなる……、というわけで剣道を試合から全く切り離せないでいるのです。

その意味で「稽古は試合のためのように……」というスローガンはまさしくその通りなのですが、同時に誤解を招き易い表現ではないかという気もします。ここが剣道を正しく理解する上で最も難しいところで、そのためには無理は承知の上ですが、剣道から試合という要素を取り去った白紙の状態に置いて、それを捉え直してみることも必要かも知れません。

私の田舎の五島では、稽古そのものが試合であったから、特別に試合稽古などやったことはありません。一本一本の稽古が真剣そのものでした。ところが前項『五島の剣』でも述べたように、試合に全くこだわらない人間教育の剣道を指導しているのに、試合でも数多くの実績を残した多数の剣士６人の八段取得者が現実に育っている。それは藝術や文化として教育した剣道に優勝が勝手に向うから近づいてきたとしか表現できないのです。

何故、剣道が試合と全く切り離せなくなったのでしょうか。それは現在の学校教育における標準偏差のあり方に、剣道界は気づかないでいると思いますが、結果的には剣道の指導が歩調を合わせているからだと思います。要するに点数が良くなるということは、試合に勝ってということと同様であり、そのためには手っ取り早い方法として学習塾へ入れたらいい。塾では人間性ということは問いません。塾というのは情操教育は全く施されず、実利的な面のみを追うところと考えられており、試験に出題されるような問題を学校に先がけていち早く教えれば、当然、学校で行なわれる試験では点数は良いわけで、今や、塾が教育における本体となっているのです。

すなわち学校教育（稽古）が、塾における試験（試合）に取ってかわられているのです。これを剣道に置き換えるならば、試合に勝つには、指導者は「メーンと真っすぐに打ってはいけないよ。メーンと打ったら、相手が受けようとするんだから、メンを見せてコテを打てばいい」。そんな教え方です。塾が悪いとは言いませんが、現在のとくに、小・中・高の指導法などは、進学塾のそれとよく似ています。

塾では、進学に必要な課目のみ教えます。塾で保健体育などを教えているところというのを私は聞いたことがありません。だから塾に入ってから入試に受かって、たとえば大学に入る時までは一所懸命に取り組みますが、入ってしまえば、もう塾に対する恩というのは一切感じないわけです。指導者も教え子も実利的なものと割り切って取り組んでいるのですから当然と言えば当然でしょう。『教育が、教育する側と教育される側とにはっきりと別れるという考え方も、私は時々恐ろしいものに思う。禅の言葉「啐啄同時」「啐啄の機」が死語となっていることに悲しみを覚えるのである。たとえば算数を教える時、教える側が教師で教わる側は生徒だ、という関係はなり立つ。しかしそれは比較的単純な技術の教育に関する場合だけである。教育は全人的なものだということを、私たちはよく耳にする。教育は小手先、口先でするものではない。もしするとすれば、全人間をあげてするものなのである。

現代は教育不在の時代なのかどうか、子供が大きくなってしまった今、私にはよくわからない。只、風俗的なニュースとして耳に伝わる限りでは、教育そのものより、教育技術が先行している時代だということは言えそうな気がする。そしてこの技術先行の不均衡は今後ますます、ひどくなるかも知れない。なぜなら、親たちの多くの求めるものは、子供に知識、或いは学問技能の部分がしっかりと身につくことであって、総合的な人間の豊かさでない限りそうなるのは明瞭である。総合的に豊かな人間などというものは、むしろ生きて行く上にヤッカイなものである。それは懐疑的であろうし、分裂的であろうし、入学試験にいい点をとるためや出世街道をひた走るためには、決してプラスの働きをしないからである。しかし多くの親たちの求めるものは、さし当り入試に強い人間である。

私はそれは好みの問題だと思う。世評のいい大学に入れることが、目下のところ唯一の目的というなら、それはそれでいいと思う。これは或る意味で簡単明瞭で迷うことがない。それでは子供の人生は貧しいものだなどとハタから言ってみても、「学校のできないお子さんの親ごさんに限って、よくそうおっしゃるわね」と切り返されるだけが落ちである。学校はこの場合、つまりは、ヨミ、カキ、ソロバンを教えてもらうところなのである。聖職ではなくて、労働者だと自ら宣言された先生に期待できるのは、つまり技術教育だけじゃありませんか。人間的な教育なんてとんでもありません。と言われれば、不思議とつじつまは合って来る。

しかし私は頭の古い人間なのであろう。先生は先生であるというだけで敬うべし、と今でも思っている。これは人間関係の古い因習をウノミにしたポーズの問題ではない。教える人に尊敬を払うのは心理学的には意味があり、宗教上から考えても当然なのである。そして、私は教師も親も、教育の技術だけではなく教育そのものを目ざすならば、そこに教える側と教えられる側にはっきりと別れるという感覚を持った瞬間から、堕落が始まるような気がするのである。

教育の根本の姿は自らを教育し続けることなのである。生きる限り、（完成しないことを知りつつ）自分を自分の理想とする方向へ一歩でも近づけるようにするという行為から、すべての教育は始まるのである』（『絶望からの出発』曽野綾子）

剣道の指導も同様で、大学に入ればもうごちそうさまであり、また続けているものでも試合のみで取り組んでいるから、やがて当たらなくなった時にやめてしまったり、急に衰えが見えたりするのです。いわゆる短期集中詰め込み主義の弊害でもあるのでしょうね。その意味で指導者と親の責任というのはやはり重い。

目の前の現実路線ばかりに目が向いてしまって、20年後、30年後にはこういう剣道を目指しているだろうという発想、夢がないのです。

私自身が今、目指す剣道はというと、いかに基本通りに打ち込める勇気があるかどうかです。そのために心を練るわけでしょう。そもそも基本通りに打ち込まなければ斬れないわけです。ところが進学塾的な発想で必勝法のみを教えて、指導者自身も「勝った」という結果のみを喜び、その内容を省みない状況が剣道界にも広く蔓延しつつあります。そのうちに「稽古は試合のために」という冗談も言っていられなくなります。優勝によって今年の指導とスカウトは成功だったという考え方でしょう。

もしそれに徹するならば、昇段審査でも今の柔道みたいにもう一つの道を用意して試合一辺倒にし、何人に勝てば合格とすればいいのです。柔道はもう理屈などいりません。精神論をいくら唱えたって、投げ飛ばされ、押え込まれてしまっては、何も言えない。今や精神論で柔道は語ることはできません。

たとえば、オリンピックでもそうですが、世界を制するという僅かひと握りのハイレベルな戦いは当然、あってしかるべきです。そこでは多種目の競技にプロが混入しており、アマチュアという言葉も消滅しました。それはそれでいい。ところがそのひと握りの頂点を目指す人達のために、底辺層の人までもが無理をして同じことをやろうとしているわけです。もちろん夢を持つことは大いに結構なことです。が、現実はその頂点には結びついていかない。

その意味で大学における剣道の試合で、体育系と一般系が試合するのも考えてみれば不思議でしょう。体育系は徹底的に専門家でなくてはいけない。その頂点同士が試合をするというのなら話は分かります。かつての天覧試合における府県選士の部と指定選士の部というように……。ところが戦後、体協に入ってみんな素人集団になったのです。そして都合のいい時は専門家といい、都合の悪い時はアマチュアだという。そういう矛盾も抱えているわけです。

その矛盾を解消するためには、連盟もトップの教育と底辺層の教育と、はっきりと定義づける必要もあるのではないかという気がします。それで夢がなくなるということはないと思います。すると専門家もはっきり職業的に優遇されるし、地位も意識も技術もそして文化も向上するでしょう。

私が指導する国士舘大学鶴川校では、剣道部の学生より、むしろ授業で教えるいわゆる剣道ごちそうさまの一般の学生の方が強い場合がみられ、実際の稽古では剣道部の学生の方が打たれている有り様です。しかし考えてみれば、剣道部の学生は、この大学に入って本格的に始めたいという希望をもったほとんど初心者と言っていい程のレベルですから、打たれて当然です。

ところが一年以上経つと、次第に気で押して相手を打たせないようになってきます。逆に打っていった方も当った気がしなくなる。ひ弱だった身体も日々の切り返し、懸り稽古等の基本の修錬により、筋力が備わり、同時に精神的な面での強さ、気攻めが備わってくる。いわゆる精神が『加賀百万石』のごとくなってきたわけです。さらに言い換えれば、剣道に〝風格〟が表現されるようになった。〝格〟は相手の無駄技を溶解させると同時に、勝負以前の段階で既に有劣を確定づけてしまいます。それこそが〝芸術〟としての醍醐味でもあるはずです。

現在では相撲でさえ、基本ができていないから横綱が負け越したりする。頂点を極める者には持って生まれた天性の素質というのも必要です。ところがそれのみでは登りつめる時まではいいけれども、一旦、登りつめて今度は王道を走らなければならない時に走れないわけです。歴代の横綱には〝横綱道〟という一つの帝王学のようなものがあったはずです。相撲界では初の国民栄誉賞に輝いた千代の富士などはまさしく王道を走っています。飛んだり、跳ねたり、ほおり投げたりという大きな動きというのが、今はパッとつかまえてまっすぐに持っていくという正攻法でしょう。相撲に品位が備ってきています。ところが大乃国にはそういう型がない。大関の小錦などは、近い将来、末恐ろしい横綱になるかと思ったら未だになれません。不思議なことですが、やはり基礎、基本ができていないのでしょうね。

剣道も今では、基本ではなく運動神経を磨くことに偏向してしまっているから、その寿命が非常に短いのです。しかし幸いにして剣道は〝生涯剣道〟と言われていて、内容の善し悪しは別にして、そのことが一分野ながら現実にまだ実践されています。が、このままでは21世紀にはもう〝生涯剣道〟という謳い文句も返上しなければならないのではないかという気がします。

スポーツというのは、だいたいがそういうことでしょう。生涯教育ということまでは考えていない。かつては短距離の選手が50代、60代にもなって、それに取り組んでいるなどという話は聞いたことはありません。が、最近になってようやく〝生涯体育〟ということも言われ始めているようです。それはいわゆる巧緻性の問題もあって、中には息の長い種目もありますが、あくまでも徹底的に楽しめる、あるいは健康維持のためという分野のものに限定されてしまいます。スポーツの外来文化の良さも知り、そして自国の文化「武道」もより研究すべきでしょう。

剣道の芸術性

剣道が芸術であると、私が確信するのは、やはり〝生涯教育〟と言われるからだと思います。老いて身体は枯れていっても、心は逆にどんどん成長を遂げる。要するに他のスポーツのように引退がないということです。〝不老の剣〟と言われる所以はそこのところにあります。

ところが現在の試合本位の考え方では〝不老の剣〟の段階まで、とても進んでいくことはできないでしょうね。すなわち体力の衰えを感じ、若い人に敗れたり、試合の時期から外れたら、それとともに精神もまた終ってしまう……。ただそういう段階を踏むことも必要ではあります。

先に述べたように芸術というのは、一生を通して続けられるもの。要するに幼年期、青年期、壮年期を経て、老年期にまで入ってゆける。これは芸術性という要素があればこそなせる業ではないでしょうか。これを厳しい意味で武術的と言うならば、途中で必ず寿命が来ます。もちろんスポーツ的というならば、もっとその寿命は短いでしょう。

スポーツ的というのは、現在の柔道みたいなものです。女子柔道の山口香三段（24歳）のように、全日本女子選手権（48kg級）の決勝で、高校の選手に敗れたら即引退となってしまう。負けることイコール単純に追い越されてしまった。あるいはそれイコール恥になってしまって、その世界から完全に離れることを余儀なくされ、エアロビクス柔道という極端な分野に走らざるを得なくなるのです。

その点、剣道の場合は「打たれても（敗れても）立派だった」と言われる分野があるのです。すなわちまだ芸術性というものが、一部の人達には理解されているのです。

『芸術が社会的な名誉を得ようとすると、その途端に人間の俗物性に巻き込まれる。芸術はそれを愛する人々の心に偏在してこそ本来の命を保つのである。社会的な栄誉をほしくなるのは、どう考えても芸術性そのものに対する愛情の涸渇や不安を感じているからだとしか思えない。芸術が涸渇することは少しも恥ではない。あらゆるものはいつかはやむ』（『戒老録』曽野綾子）。

この名誉という部分を優勝（試合）という言葉に置き換えてみてはどうでしょうか。現在の剣道が芸術性を失い、涸渇しているのは、この試合の占める要素が芸術性の部分を食い荒しているからではないかと感じます。

今の子供達は、果たして剣道をすることと、バレーボールをすることと、一体、どういうふうに違うと思っているのでしょうか。

「剣道は武道かスポーツか」。この問題はよく俎上に載せられ、斯界では常に議論の的となっていますが、賛否両論あって、未だ明解な解答を出せないでいるようです。

文部省などでは「武道的要素を含んだスポーツ」という感覚で剣道を捉えているようです。これは剣道は武道ではない。武道のにおいがしているだけであって、中味は完全にスポーツという意味です。が、私は違うと思います。敢えて「武道かスポーツか」とその範囲内で解答に迫るのならば、「スポーツ的な要素も含んだ武道」であると考えます。

さらにそれを昇華させれば、「芸術的要素を含んだ武道」となり、究極的には「武道的要素を含んだ芸術」となりはしないでしょうか。

それにしても、どうして数ある競技の中で剣道のみ、それらの問題がよく取り沙汰されるのでしょうか。外国や外来の剣士は、剣道（武道）をスポーツの一部だと理解して教わっている人は皆目いません。スポーツとは全く異なる文化と歴史を認めているから、わざわざ学んでいるのであって、日本人の考え方に代表されるような歴史、風土、文化の異なる世界でできたスポーツと武道を同じものだなどという中途半端な考え方やごまかしての取り組み方などはしないのです。

しかしもっと突きつめて考えてみるならば、戦争に負けたからということも言えるのではないかと思います。もし戦争に勝っていたなら、絶対に剣道をスポーツとは言わなかったはずです。逆に世界のスポーツに対し、「スポーツ的要素を含んだ武道」として取り組ませていたでしょう。きっと……。もしかすると、バスケットボールやバレーボールなど、武道式礼をしてからやらせていたかも知れません（高校野球の開始の礼等）。

この問題については、先に述べたようにさまざまな意見があるようですが、本当に真剣に考えてみる時期ではないかと思います。

今、剣道の専門家を養成する大学においてでさえ、剣道は本当に教育として教える価値があるのかと、問われているのです。現実問題として「どうして剣道、柔道を正課として教えなければならないのか。予算も高額なのに……」という認識が高まりつつあるのです。警察剣道しかりで、現在は犯人逮捕に直接結びつく逮捕術があるのだから、それさえ重点的にやっていれば事足れりではないかと……。

真正面からそう問われた時、果たして我々剣道家はどう答えるのでしょうか。現在の「武道的要素を含んだスポーツ」という風潮の中では、おそらく明解な答えは導き出せないという気がします。

その意味で我々剣道家は勉強不足の感は否めません。よく〝事理一致〟と言われますが、現状ではそれが極端にアンバランスな状態ではないかと思います。

たとえば専門家と言えども、その認識はというとさまざまです。では一体、どのような人をして専門家と言うのでしょうか。現在のように武道性とスポーツ性、そして芸術性が中途半端に入り乱れている状態の中では、水と油の関係で互いに否定し合うばかりで、21世紀に向けて真の専門家を養成することは、困難ではないかという気がします。

戦後の教育は教練から一気にオール・スポーツ導入の教育となったので、五十歳代以下の教育者にとって、学校体育はスポーツ色に彩られた教育を受けて育ちました。文部省も武道禁止の占領政策が影響してか、結局、日本の武道と外来のスポーツの二極化から外来スポーツの数十種目の中の単なる一種目に格技の中の剣道という摩訶不思議な名称をつけて組み込んでしまいました。

学校教育の中で育った保健体育の先生も剣道を他の種目の中の一つと簡単に考えていますし、夏の合宿時の剣道指導者の絶対数の服装を思い出してみて下さい。Tシャツ姿にサッカーのごときパンツ姿で体育館や道場に足元はサンダル履きで、手には剣道家独特の印伝袋を下げて現われその恰好で指導するのですから、稽古衣・袴姿の生徒はどのような印象で先生の姿を捉えているのでしょうか。

これでは優美、端麗の粋と言われた伝統文化の美しい指導者だった剣道家の姿を体育出身の先生が自ら破壊していることになります。

また厳しく問うならば、例えば全国教職員剣道大会時に、前日の開催地の繁華街にしてもしかり、夏とは言え、先程の恰好で街へくり出して行く様も考えさせられますし、一般の社会人の中で一種異様な出で立ちではないでしょうか。

国語と保健体育の教育者だった師は、私が保健体育の先生になる時にまずこの点を厳しく諭されましたが、体育の先生は汗をかくからといって決して容姿、端麗に無頓着ではいけないと思います。これも私達指導者にとって大きな課題の一つと考えます。

教諭の語句の意味は、教え諭すですから、これこそ率先垂範の精神で指導者が実践しなければならない問題だと考えます。

10月10日の体育の日に中・高校生の剣道大会で、本当に将来を震撼とさせるような恐ろしい事実を目撃しました。それは何人もの中学生や、とくに高校生が大会会場で立ったままで面や甲手を着けたり、終われば立ったままで面の紐をほどくでもなく、頭からまさにむしりとっているのです。

おそらく中・高校の剣道の顧問が礼儀作法よりも、打ち方を先に教えているのでしょう。そして片手で面紐を持ってぶらさげて歩いているのです。その生徒たちは正座もできず、座することのない剣道教育であり、まるでアメリカンフットボールのヘルメットをむしりとったり、悔しくて地面にそれを投げつけているあの光景と同じなのです。

また先の関東女子学生大会でも、ある有名な女子大の選手が試合の入退場の際の礼儀作法をほとんど知らず、蹲踞までを何度も何度もやり直しをさせられていましたが、試合が終って、さすがに名門の女子大生だけあって、審判に謝りにきたのですが、その言葉にも驚かされました。彼女は二段でしたが、「私は大学に入学して初めての試合でしたので試合の練習はしましたが礼儀作法はまだ練習していませんでした。申し訳ありません」というのです。剣道の現実はこの彼女の言葉に集約されるのではないでしょうか。

平成に入ってから「格技」から「武道」に名称は変わりましたが、何の為に変わったのか考える必要があるでしょう。

「名前が変わっただけだ」という話を指導者から数多く耳にしました。名称の変わったこの時期こそ、少々乱暴は承知で述べたつもりの私の提言を剣道界が〝叩き台〟にして大いに論陣を張っていただきたいと思います。

そのことによって剣道の将来の希望の光が見出されてくるにちがいないと思います。

中途半端な状態のまま剣道を引きずっていってはならない。中途半端はまたさらなる中途半端な状態を生み、そのうちに剣道は支離滅裂になってしまうやも知れません。

この危機を救うには、今こそやはり剣道の芸術性、精神面にもっと重点を置いた指導に移し換えていかなければならないと思います。

剣道家はよく低段者がいくら立派な精神論を唱えたって、業がそれに伴っていないとすぐに「剣道二段や三段のくせに何が分かるか。利いた風なことを言うな」ということをよく言われます。この私の『藝術論』にしても、もし私が過去の大会等である程度の実績を残していなかったら、同じような意味の中傷をおそらく言われたでしょう。しかし幸いにもある程度の実績を残しているので、内容は攻撃的という評判のようですが、逆にまた説得力もあると言われています。

もちろん事理一致ということが理想でしょうが、これから先はそんなことも言ってられなくなりました。

たとえば社会人になって剣道の魅力（芸術性）に目覚めて始めた人には、試合はほとんど関係ありません。試合に出たくて、勝ちたくて始めたという人はおそらくいないでしょう。実はそういう人達に対する教育というのが、今、立ち遅れているのです。小学校あるいは中学校から始めた理想的な道を歩んでいる人のみを対象とした技術的な指導しかなされていないことが、ある意味で精神面の教育を疎かにして視野を狭くしてしまっているのではないでしょうか。

だから「剣道二段や三段のくせに……」という高慢に相手を見下した言葉が発せられるのです。実は剣道家よりよっぽど立派な精神で教えていることを認めようとしない。しかし社会勉強から応用できた剣道ほど強いものはないのです。なまじっか上の人に遜《へりくだ》ったりもしませんしね。

ただ実際の立会で高度な芸術性を表現するには、業も立派、心も立派でなければならない。そのどちらの要素も欠けてはならないはずです。それが本当の専門家といわれる人達ではないでしょうか。

現在の〝事〟と〝理〟が互いに対立し合っている状態では、剣道本来の価値観は弱まる一方です。本来は生かし合って進まなければならないのですが、それを今では矛盾し合っている要素が止揚され、より高い段階で昇華されたところに、今後は芸術性が見出されんことを願います。

第三章　相和する

攻めとは相和すること

我々が子供の頃、波止場に遊びに行くと、大人の人が麦とか、かんころ（さつまいもの切り干）を叺《かます》に入れて、長さ10～15ｍ、幅30㎝くらいの踏み板を渡って舟積みしている光景によく出会いました。50～60㎏はあろうかという俵を両肩に担ぎ、実に器用にその踏み板の弾力に合わせて渡る様は、今も尚、私の脳裏に焼きついています。

それはまさに人間とかんころと叺と板とが一体となり、相和するという表現がぴったりでした。すると子供心に好奇心が湧いてきて、早速海水パンツに着がえて「よし、自分も！」とやってみると、すぐさまバランスを崩して海へドボーンと落ちてしまったという笑い話もあります。我々が子供の頃の生活の中には、それに密着した体験からさまざまなことを知る機会に大いに恵まれたものです。

相和するということにも段階があって、最初は形ある物体を対象とすることから始まって、人間対人間というところまで突きつめていけるのではないかという気がします。

その意味において、剣道こそが相和するということの高い境地を学び、味わえる人間形成上、最高の特徴を宿しているのではないかと、私は確信しています。

ところが現代剣道の特徴を単純に分析してみると、お互いにパーンと業を放ち、角突き合わせて鍔競り合いになる。その後、膠着状態となり、しようがないので分かれる。さらにまたパーンと業を放つ……、その繰り返しのみだから、観戦している者にとっては、素人目にさえ、全く味気なく感じてしまうのです。

そしてその正面衝突するつなぎの僅かな隙をついて勝敗が決しているのが現状のようです。すなわち現在の剣道というのは〝打ちたい〟すなわち〝争う〟という意識が傍目にもありありと映り、互いに互いの心を傷つけ合っているというふうに感じられる、いわゆる阿修羅の世界から一歩も出られずにいるようです。

剣道とは果たしてそういうものなのでしょうか。俗に〝争う〟と言われるのは、相手を認めないでやっつけるということですが、この〝争う〟ということを〝攻め〟であると勘違いしてしまっているのではないでしょうか。剣道で言われるところの〝攻め〟というのは、ある意味で相手の機先を制する、すなわち事前に相手の動き、心などを察知する能力であると思います。芸事ではこれを業前と表現する。

そのために必要な要素が業であり、気であるわけで、業という能力で相手を押える段階はまだまだ未熟で、高段者になれば、気という能力で相手を押えてしまうわけです。いわゆる自分の勢力範囲をより厚く、より深くするのです。すると相手は苦しいのでジリジリと退がるしかない。そして壁際まで追いつめられたところで剣を下ろして、「まいった」というか、打たれるのを待つしかない。あるいは相手を認めないで、苦しまぎれに強引に出れば、当然、その出端を捉えられてしまうでしょう。

剣を殺し、業を殺し、そして気を殺すという三殺法で相手に攻め勝ち、追いつめたところで基本通りの面を打ち込むのは、傍目には簡単に見えますが、本当はそれこそが最も難しい。そう感じさせる時程、実は難しく攻めているのです。いわゆる「攻めは千変万化、業は基本通り、真っすぐ大きく打つ」ということです。すなわち〝攻め〟とは互いに相和するためのものであり、実は争うことでも打つことでもない。しかしながら剣道が競技化された今日では、業が千変万化となり、それはなかなか理解されにくいのが現状のようです。

だから攻められて苦しいという気分を味わうこともない。実際、名人と言われる人と立会うと、構えているだけで息苦しくなってしまうものです。すなわち相和することを余儀なくされているわけで、戦っているうちに、なんとなく争うという気持ちが潮の満ち干のごとく、スーッと引いてくる。なんとなく催眠術にでもかかったごとく身動きできなくなってしまうのです。

吉岡伝七郎が柳生石舟斎にしつこく試合を申し入れるのを、お通を使者にことわりに行かせる際、手紙には自ら挿けようとして切った白芍薬《しゃくやく》の枝を添えた。が、伝七郎はその花には目もくれず、苦々しげに投げすてた。一方、こちらも石舟斎と試合したいと考えていた宮本武蔵は、お通から少女の小茶ちゃんに与えられたその芍薬の一枝を見て、眼も心も奪われ、自らも脇差で立てた枝を切ってみたが、その切り口にははるかに及ばなかった……。そして自分の未熟さを知って立ち去っていくという武蔵の修行の奥深さ、心構え、先見の明、そういった分野が剣道にも当然あってしかるべきではないでしょうか。それが活人剣といわれる所以であり、ひいては究極の剣道にも結びついていくはずです。

ところが剣道家というのは往々にして自分以外のものを認めたくない。ましてや剣道を単なる竹刀による争い事と解釈して最初から取り組んでいると、指導には段階があるとはいいながら、よほどのことがない限り、途中で自らの剣道観を変えていくことは難しいものです。そんな相手を倒すということを第一原則に取り組んでいると、次第、次第にそれに洗脳されてしまい、剣道とは争う事、攻めとは単に相手を脅かして打つことと短絡的に捉えてしまいがちになってしまうでしょうね。

最近の全日本選手権もまさにその通りで、ひと昔前の三〜四段の遣い方を六・七段がやっているようだと言われているのも、あながち間違ってはいないようです。その辺も現在の試合には味わいがなくなったと言われる所以かも知れません。剣道はそんな単純なものではないと私は考えています。参考までに数年前の三〇周年記念大会のビデオを御覧になって現在の選手権大会と比較してみられたら御理解いただけるものと思います。

そういう剣道観を持った人に限って、今度は指導的立場に立った時にとくに子供達の指導が正しくできないのです。すなわち相和するという感覚を稽古をする度に消失させてしまっているので、相手を引き立てて稽古をするということができない。相和することを拒否してしまうということは、そういう面にも強く影響を及ぼしてくるのです。

我々がたとえば京都大会などで一体、何を一番期待するかというと、お互いが自分の持っている

昭和49年京都大会にて川上徳蔵範士対奥山麟之助範士の立会（徳江正之写真集「剣道・伝説の京都大会（昭和）」より・体育とスポーツ出版社刊）

最高の業（味）を出し合うということです。立合われた先生方自身も、そういう立会ができたならば、非常に心地好い充実感を味わうことができるはずです。お互いが最高を引き出し合ってこそ初めて、感動が生まれてくるものと信じます。

しかしながら現在では、お互いにあと味の悪い、なんだか納得のいかなかったという内容の立会が多いようです。立会後、「相手に恵まれなかった」という話をよく耳にしますが、結局、その最大原因は相和することができなかったということではないでしょうか。いわゆる動物の本能である争心が相和することを拒否してしまうのでしょうが、我々は理性の伴った人間です。それを本能のままに、さらに欲を伴って益々、表面化させてしまっては、剣道の価値観は全く失せてしまいます。その欲を押えて、押えて、人間が本当の人間たるべく互いの足らざるところを知らしめる修錬こそが剣道の剣道たる所以ではないでしょうか。それにはまず相和する心構えを知るというところから取り組まなければならない。すなわち相和した後に業が出る。それこそが剣道本来のあり方ではないかという気がします。

戦いには若さとか体力等のエネルギーに支えられて相手を叩き伏せなくては勝負にならない、という厳しさも確かにあるかも知れません。が、それには限界がある。剣道には本来、限界はないはずです。限界を感じる以前に脱皮して真の修行の無限性を見い出してほしいのです。この相和する稽古法は剣道形にそのエキスが含まれているのです。

忘れられた攻防一致

剣道においては攻防一致とよく言われるように、相手と自分自身、どちらにも50パーセントずつ打つ機会、可能性を秘めています。ところがその50パーセントの中だけで、お互いが自分勝手に打ち込み、一方、相手の打ちはというと、たとえば相手の懐にもぐり込むようにして、もがき苦しんでその打突を避けている。「打ち上手に打たれ上手」という考えは、そこには全くなく、「打ち上手に避け上手」が剣道であると勘違いしてしまっているのです。すなわち攻撃のための攻撃、防御のための防御でありそれらは全く分離されてしまっているのです。いわゆる50パーセントの剣道であり、よく言えば激しい剣道ですが、悪く言えば、全く優雅さがない。

言い換えれば、次への展開を切り拓く分野がなく、ただ単に自分勝手に打ち込んでいくだけのものなのです。剣道本来の「打って良し、返して良し」という内容ではなく、「打って良し、避けて良し」という内容が、現在では主流となってしまっているのです。

私は師匠（父）以外で、自らの剣道に最も影響を受けたのは阿部三郎（範士八段）先生です。まだ私が学生で、おそらく先生が45〜46歳の頃だったと思います。当時の先生とのお稽古は今でも忘れることのできない強烈な印象として残っています。

先生の攻めと防御の中には切れ間がなく、その起こりを捉える柔らかさ、そしてその起こりが遅れたらすり上げる、さらにそれが遅れたらいよいよ応じ返すという三段階にわたるバリアが張りめぐらされているのです。懸かる方からすると、一つの城壁を乗り越えて行ったと思ったら、そこにはもう一つの壁があり、尚かつそれをも乗り越えて「しめた!」と思うと、最後の城壁でガツンとやられてしまう。一言で言えば、攻防における懐の深さというのでしょうか。そういう稽古に我々はすごく憧れたもので、それが本当の意味での攻防一致だと思います。

相和するということが、受け入れられないのは、技術的に解説するならば、その攻防一致が先に述べたように分離されてしまったということも、大きな要因であると考えます。打突の好機がタイミング化してしまっているのです。このタイミングは若さの特徴なのです。そうすると若い方が勝つのです。これがスポーツの特徴でもあるのです。

絵の具には、赤・青・黄の三つの色ですべての色を表わすことのできる三原色(光は赤・緑・青)があります。それをそれぞれの人の剣風に当てはめてみると、青味の強い人、赤味の強い人、あるいは黄味の強い人などさまざまです。その色合いが違うところがまたいいところで、すべての人が青味が強いというのでは、それこそ味けないものになってしまいます。ところが現在では、ある一つの色に片寄って強く染まりつつある。先の述べた剣道がそうではないでしょうか。

その要因の一つに情報化時代の影響も出ています。あるチームが勝つとそれをビデオに録画して、日本中が真似てしまう。すると、どこもここも同じ剣風で片寄ってしまう。同じ遣い方をすると、結果は力やスピードのある人が勝つ。これが現代日本の剣道の方向ではないでしょうか。恐しいのは、はたして真似ている対象が今進むべき正しい剣道かどうかということなのです。

剣道の味わいということの一つには、いわゆる包み込むような柔らかさが挙げられます。そういうものが表現されてこないと、やがて年をとって、若い頃のような破壊力が失なわれた時には引退を余儀なくされたり、故障が起きて断念せざるを得なくなるのは必至です。

先日、ある高名な高段者の稽古を拝見しましたが、何の事はありません。若い者に対して、彼らをねじ伏せてやろうとばかりの五分と五分の同じ内容の稽古をされていました。担いで、騙くらかして、強引なまさに争うという内容です。相手を格で包み込むという相和する剣道とは程遠いものでした。これでは若い人が有利です。

高段者の先生方をして、そうまでさせる片手落ちの剣道が蔓延してきたのは、やはり競技性に捉われているということが最大の原因でしょうね。その意味で現在では味わいのある剣道を見る機会が極端に少なくなりました。

あるゴルフの小冊子に『勝負とゲームの違いとは』というタイトルで、次のような内容の文が掲載されていました。

『日本語の〝勝負〟という単語は英語にはない。まさか、と思って調べてみたが確かにない。〝ゲーム〟〝勝つ〟〝負ける〟〝闘う〟などはあるが「勝ち負け」が一緒になった〝勝負〟はない。

来日した大リーガーたちが一様に驚き不思議に思うのは、試合前の練習時間の長さと引き分け試合のある事である。これは日本独特の〝勝負〟という言葉と大いに関係あるのではないか。

〝勝負〟というとすぐに〝真剣勝負〟という言葉が脳裏に浮かび、〝ゲーム〟と言えば「楽しむ興じる」など、当事者も一緒に楽しむ姿を彷彿させる。（中略）〝勝負〟という語彙《ごい》は、日本人の感性に取り入る不思議な魔力を持っている。それは「遊び」の部分を拒否し、排除しているからかも知れない。

遊びとは広辞苑によれば、日常的な生活から心身を解放し、別天地に身をゆだねること。楽しいと思うことをして心を慰めることなどと〝勝負〟とは正反対の解説がなされている。（中略）なんでもないような一つの単語が異文化を象徴している』

かつて、セリーグのホームラン王になったヤクルトのパリッシュ選手は、「野球は一試合について27人しかアウトにならないのに、日本のチームはあらかじめ7人分くらいのアウト（バント）を予約している。自ら犠牲になるバントを多用する」と述べています。それも初回からでも……。

〝勝負〟という言葉以外では〝思いやり〟とか〝親孝行〟なども日本独特のものだそうです。いわゆる感性に訴える分野のものですが、剣道にこそ、それらが表現されなければならないはずです。そう考えると、〝攻防一致〟という表現も日本独特のもの、いわゆる剣道独特のものであるという気がします。すなわちそれがひいては相和するということにも通じるのではないでしょうか。

結局、〝勝負〟には〝勝〟の価値と〝負〟の意義が尊重されている日本の高度なる文化が存在するのです。

ところが現在はこの〝勝負〟を打った打たれたの実利主義の面から捉えてしまっていて、本年

（平成元年）の学生の全日本大会も先日の全国警察官大会も、観衆（ほとんどが剣道家）は感動ではなく、審判の動揺を誘う意味での興奮して拍手のみならず声援を伴った応援であり、「相手を尊重せよ」というスポーツマンシップ以下の観客の態度であり、大いに考えさせられました。

このように現在の剣道は、やる者も観る者もが、肝心なところの教育を忘れてしまっているのです。すなわち教育面から捉えれば、〝勝負〟というのは、相和した時の優劣を言うのではないかという気がします。勝者の謙虚さと敗者への思いやりこそが剣道の真髄であると信じます。勝負にも儀式にのっとって行なわれた文化があったのです。

最後に、少々長くなりますが、相和するということを理解する上で、非常に教育的な小説のあらすじを紹介して、この稿のまとめとしたいと思います。

青の洞門

大分県北部、山国川中流右岸にある〝青の洞門〟は菊池寛の小説『恩讐の彼方に』の題材となりました。

主殺しを犯した市九郎はその主人の妾であったお弓と江戸を逐電した後、窮するにつれて悪業を働いた。その悪事は次第、次第にエスカレートし、美人局《つつもたせ》から最も単純な手数のいらない強請《ゆすり》をやり、最後には、信濃から木曾へかかる鳥居峠に土着し、昼は茶店、夜は強盗に身を落として利欲のために旅人を狙って殺すようになりました。

しかしある二人の若い男女を殺してしまった悔いから、一刻も早く自分の過去から逃げ出したくなり、浄願寺という寺に駆け込んだのです。

その後、出家の志を定め、了海という法名で、ひたすら仏道修行に肝胆をくだき、自分の心が定まり、もう動かないのを自覚すると、師の坊の許しを得て、諸人救済の大願を起こし、諸国雲水の旅に出ました。

享保九年の秋、市九郎は一年に十人近い人の命を奪うという山国谿第一の難所を見た時、自分の身を捨ててその難所を除こうと思いついたのです。二百余間に余る絶壁をくり貫いて道を通じようという、不敵な請願が、心に浮かび、自分が求め歩いたものが、ようやくここで見つかったと思ったのです。一年に十人を救えば、十年には百人、百年、千年を経つうちには千万の人の命を救うことができる。そう考えると、彼はいちずに実行に着手しました。川を圧してそびえ立つ大絶壁を独力でくり貫こうとしたのです。周りの里人たちは「気が狂った」と市九郎の姿をさしながら笑いました。が、市九郎はそれには屈せず一心不乱に槌を振るったのです。それさえ振るっていれば、はればれした精進の心があるばかりで、何の雑念も起こらなかったのです。

市九郎の槌の音は山国川の水声と同じく不断に続き、三年目には、里人たちの嗤笑の表情はいつのまにか驚嘆のそれに変わり、そしていつのまにか同情へと変っていました。四年目の終わりには五丈の深さに達し、九年目の終わりには二十二間を計るまでに掘りうがったのです。その時、里人たちははじめて市九郎の事業の可能性に気がつき、人を増して歳月を重ねたならば、この大絶壁をうがち貫くことも不思議ではないと考えました。そして数人の石工が市九郎の事業を助けるために雇われましたが、翌年になって、工事の進み方を計った時、それがまだ絶壁の4分の1にも達していないのを発見すると、一人減り、二人減り、ついには誰も彼の周りからいなくなりました。しかし市九郎は相変らず黙々と、一人その槌を振るいつづけたのです。

それから三年を経、里人たちの注意は、再び市九郎の上に帰りかけていました。好奇心からその深さを測ってみると、三分の一貫かれていることが分ったのです。彼らは再び驚異の眼を見開き、過去の無知を恥じ、再び十名に近い石工の槌の音がそれに和していました。しかし一年後には、またいつのまにか一人減り、二人減り、市九郎の槌の音のみが洞窟の闇を打ちふるわせていたのです。ちょうど十八年目の終わりにはいつのまにか岩壁の二分の一をうがっていました。里人はこの市九郎の仕事をもはや少しも疑わず、前二回の怠惰を心から恥じて、三十人近い石工が集められ、工事は枯葉を焼く火のように進みました。

彼はというと、傍らに働くのも知らぬように、また自分の一身をさえ忘れて、懸命の力を尽くすこと、少しも変りませんでした。

市九郎の健康は、過度の労働によって、痛ましく傷つけられていました。が、それよりももっと恐しい敵が、彼の生命を狙っていたのです。実は市九郎のために非業の死を遂げた中川三郎兵衛の一子実之助が十三になった時に、そのことを聞き、即座に復讐の一義を肝深く銘じたのです。そして十九の年に免許皆伝を許されると直ちに報復の旅に上りました。その後、二十七の年まで空虚な遍歴の旅をつづけ、江戸を出て九年目に、ついに敵の所在をつきとめ、山国谿へと急いだのです。

実之助は洞窟の入口に着いた時、生来はじめて出会う敵の容貌を想像しました。が、彼の面前にまさにはい出てくるように表われたのは一人の乞食僧だったのです。その姿は人間というよりむしろ人間の残骸というべきでした。

実之助はこの半死の老僧に接していると、親の敵に対していた憎しみが、いつのまにか消え失せていくのを覚えました。敵は、父を殺した罪の懺悔に身心を砕いて、半生を苦しみぬいている。しかも自分が一度名乗りかけると、唯々として命を捨てようとしている。しかしこの敵を討たざる限りは多年の放浪を切り上げて、江戸へ帰るよすがはなかったのです。彼は消えかかろうとする憎悪の心を励ましながら、討ちがいなき敵を討とうとしました。

その時、石工の統領が、実之助の前に進み出でながら、「われらのこぞってのお願いは、長くとは申さぬ、この刳貫《こうかん》さえ通じた節は、即座に了海さまを存分になさりませ」と哀願したのです。

そう言われてみると、その哀願をきかぬわけにはいきませんでした。ところが自分一人になって考えてみると、仇を目の前におきながら、討ち得なかった自分のふがいなさを無念とは思わずにいられなかったのです。

それから五日後の晩、実之助は石工たちが警戒の眼をゆるめた頃、今宵こそと思い立ち、改めて洞門に近づきました。そして入り口から二町ばかりも進んだ頃、ふと彼は洞窟の底からカッカッと

第四章　戦いの手順

11月3日（祝）、今年（平成元年）もまた日本武道館において恒例の全日本剣道選手権大会が開催されました。

今回の『藝術論』では、この大会を一つの生きた題材として現代剣道の問題点を洗い出し、それについて検証を加えていきたいと思います。

醒めた眼で見ていた観衆

試合には〝手順〟というものがあります。今大会を観戦していて、まず全体的傾向として感じたのは、その手順をきっちりと踏んでいるような試合が非常に少なかったということです。実力の差が歴然としており、とても勝ち目のないであろう相手に対しては、いきなり跳び込み胴を打っていくなどの戦い方もあるでしょうが、それは「一か八か」、「破れかぶれ」という類のものです。いわゆる負けを覚悟の上での意表をつく戦術です。

今大会が今一つ盛り上がりに欠けていたと思われる要因の一つには、この試合の手順が踏まれていなかったからではないでしょうか。

互いに礼をして、九歩の間合から威風堂々と入ってきて蹲踞をする。そして気の満ちたところで、審判の「始め！」の宣告によって立ち上がり、気合を発して姿勢をつくる。同時に浩然の気を養いながら、いよいよそこから剣先の攻め合いが始まり、剣を殺し、技を殺し、さらに気を殺すという白熱した攻防が展開されていくのです。

同時に観客もその一挙手一投足、ただならぬ雰囲気に引き込まれ、選手同士の厳しい攻め合いに自らもなんとなく心地好い緊張感を覚えてくる。そしてどちらが攻勢で、どちらが劣勢に立たされているか、さらにはいよいよクライマックス、この辺で技が放たれるのではないかという流れを分からないまでも、感じることができたのが、本来の戦い方ではなかったでしょうか。

ところが、今、試合を観戦してみると、全日本選手権に限らず、立ち上がってものの二、三秒もしないうちに、どちらからともなく、流行の左手上の構え？　で受けながらあるいは迎え込んで入っていって鍔競り合いとなる。そこでホッとひと息ついて、お互いの感触を確かめあい、「それでは分かれて始めましょう」という本来の手順とは全く違った手順が現代の戦い方となっているのです。いわゆる打たれないための戦い方なのです。

その繰り返しのみだから試合に流れが見えてこない。素人目にも、いつ決まるのか分からないので「おそらくこのままでは延長だろうな」と見飽きてしまって、醒めた眼で観戦していたというのが事実ではなかったでしょうか。これはここ数年の傾向です。

とくに1回戦などは、まず打たれないように打っている。そんな攻防の中で運がよければ決まるであろうという内容は、観客に飽きられることはあっても、引き込んでいくことは絶対に不可能です。やがて第一試合場から眼はあきらめて、第二試合場へと移ってしまう。そうするうちに突然第一試合場が決って、その有効打突を見ることができず終ってしまう。このくりかえしとなり要するに試合は勝敗を争うだけのゲームと化しているのです。

筋書きのないドラマというのは、戦いの手順という基本形があってこそ生まれてくるのです。だからこそ感動を呼ぶ。が、本来の手順を無視した戦い方は、一時的な興奮を呼び起こすのみであり、試合全体（ドラマ）を通して初めて味わうことのできる感動の境地には到底、行きつくことはできないと思います。あくまでも興奮ではなく、感動でなければなりません。

そういう本来の手順を取り戻さなければ剣道は益々、味わいがなくなったと言われるかも知れません。

相上段の攻防に見入った観衆

その意味で、1回戦の第29試合、藤原尚章七段（岡山）と山本雅彦六段（大阪）による相上段の対戦は、やや飽きられつつあり、ザワザワした観衆の雰囲気にかつを入れてくれました。

上段は一撃必殺の端から捨身を要求される構えです。すなわち懐を惜し気もなく開けて、「さぁ、どこからでも打突してきなさい。しかしあなたの一番の急所である頭上の面はいただきますよ」という『皮を切らせて肉を切り、肉を切らせて骨を断つ』という一本一本を大事にした、まさに捨身に近いような、決めにかかっている迫力のある構えです。しかも両者無駄な動きも少ない戦い振りでした。

だからそれまでざわめいていた観衆がこの時ばかりは、整然としてこの対戦に見入っていました。言い換えるならば、その試合内容を判断するには、観衆のそういったどよめきや静けさも、一つのバロメーターとなるような気がします。

試合は、相上段による攻め合いから満を持して藤原選手が思いきりのよいコテを放ったのを、これまた満を持して攻めていた山本選手が見事に抜いて面を決めました。剣道では『打ち上手に打たれ上手』とよく言われますが、打ちっぷりも、また打たれっぷりも見事でした。試合というのはそれでいいと思います。

その意味では無駄な動きをなくして、一撃で相手を粉砕しようという両者の心構えが読みとれた良い試合内容だったと思います。藤原選手も見事に敗れて悔いなしではなかったでしょうか。

昨今では、上段をあまりに規制し過ぎたことにより、中段が繁殖過多になって、逆に全体のバランスを崩して弊害を生み出している状況のようです。それは本物を目指す剣道のあり方に逆行する人為の働いた淘汰であり、無理をして抑えようとしてしまうと、いずれは中段のみの試合になってしまうでしょう。事実、現在ではこの中段の過保護により、中段が中段としか試合できない剣道になってきています。

もし中段が無難という発想ならば、万事がそれで通用することはなく、必ずある部分で損もします。「無難に生きようとすることは、自分の人生を、不特定多数の見えざる大衆の判断に委ね、彼らの好みに牛耳られることを承認するという決定」（曽野綾子）です。この「何事も無難に」という発想が、矛盾を感ぜずにはいられない剣道を生み出している大きな要因であるという気がします。すなわち無難ということは、過保護に結びつき、それがひいては戦いの手順を忘れさせ、捨て切った技がここ数年で極端に少なくなってきた現象を生み出したのではないでしょうか。

今、「捨て切った……」と簡単に言ってしまいましたが、考えてみると『捨身』ということほど難しいものはありません。先に述べた「一か八か」という自殺行為的なものは、我々剣道家が目標とする本当の意味での捨て身ではないと思います。

昔の人の話を聞くと、無心になった時は捨て身がそこに表現されていると言われています。すなわち生きるための捨て身でなければならないのです。無心になるというのは、単純に考えれば、命を捨ててもかまわないという気持ちを超越した状態でしょう。しかし現代剣道は何度打たれても死にはしません。真剣による死ぬか生きるか、竹刀による打つか打たれるか、この意識の差はやはり大きいものです。

この感覚のズレが情報化社会に生きる現代人から夢を取り去ってしまったため、益々拡がったことと、剣道が競技化の傾向を益々強くしたことがあいまって、捨て切った技というのも同時に減少していったとは言えないでしょうか。

それに加え、現在の稽古のあり方というのは、試合に勝つ方法だけを抽出して構成している傾向が強いのです。だから立派な試合になっていかないのは当然であり、変な意味の応用と応用の巧拙（上手と下手）がその勝敗を競っていると言っても過言ではないでしょう。そしてそのことが心法の部分で行なう稽古を疎外してしまっているのです。すなわち神経（気）を遣って行なう稽古です。現在、一回の稽古で神経を刺激し合い、本来の気を練り合う脂汗を流すようなその気の稽古というのが少ない。実際、我々、指導者でも、本当に気で教えるということは辛く、また疲労感もかなりのものです。だからパン、パンと何本かの技を出して、速さと力で相手を打ち負かしさえすれば、私の方が上だという感覚の楽な稽古に走ってしまう人が多いのです。言い換えれば、本当に真剣な稽古に取り組んでいる人は非常に少ない。捨て身の技は、そんな気のある稽古から自然に生まれるのではないでしょうか。結局、稽古に対する心懸けです。「不老の剣」はこの心法以外には実現不可能です。

すなわち捨て身になり切るような気迫を持って臨めば、相手もそれに対する気迫を持って対抗しようとするものです。ところがそれを小出しに使っているから、相手も小出しにしてくるのです。だから試合の内容も盛り上がりに欠けたものになるのは当然で、かつ長びいたものになるのです。また流れ（手順）がないから捨て身になり切れないということも言えるでしょう。それにしても打たせないような技術もできました。よく言えば、昔よりも受け方や当て方はうまくなっています。が、本当の意味の剣を殺し、技を殺し、気を殺して打つという芸術性の高い、それでいて最も安全な戦い方ではなくなっています。

「捨て身の技」とは、基本の心構えと基本の打突に裏付けされた正中線上を乗り切った自信に満ち満ちた心境でもって、最高の理合をとらえ満を持して放たれた技と言えるのではないかと私は思います。

昭和四年の天覧試合の時、内藤高治先生が「高段者の先生方の立会に対して勝負をとる試合はよくない」と言われて反対されました。が、勅命（天皇）ということで泣く泣く承知をしたが、「これで日本の剣道は滅びた」と言われたそうです。我々はこの言葉の持つ意味の重みを、今改めて思い知らされます。

その意味で、当時の剣道は行ずることであり、立会ではその芸域の高さ、完成度を拝見するというものだったはずです。誰が一番で、誰が二番だったということを考えたら、芸術性という感覚は薄れてしまいます。芸術性というのは、いわゆる表現力であり、表現力というのはやはり心法の修錬によるところが大きい。今、全日本に『表現』という言葉は存在しません。逆にそんなことを言ったら「時代遅れだよ」と一笑に付されてしまうでしょう。心法の修錬などと考えている剣道家もごくまれでしょう。

しかし全日本クラスともなれば、勝敗にこだわらない立派な剣道を披露するという、芸道としての剣道にそろそろ目覚めてもよいのではないでしょうか。ところが実際にその内容を見ると、表現は適切ではありませんが、十把一絡げと言われても仕方ありません。結局、我々が今、取り組んでいる剣道は、人間形成のための修行という大きな視野に立ったものではなく、この日のこの大会のための訓練という一過性のものでしかないのです。

古来、剣道は表現の言葉を大切に使い用いてきました。例えば、トレーニング、練習、ではなく、

昭和４年の天覧試合の時、内藤高治範士は「高段者の先生方の立会に対して勝負をとる試合はよくない」と反対されたが、勅命（天皇）ということで泣く泣く承知をしたものの「これで日本の剣道は滅びた」と言われた。（画・土田博吉範士）

内藤高治書

稽古、行ずる、修行、鍛錬、錬磨、いずれの言葉にも深い感性の意味が込められていて、言葉の運用に当たっては、細心の注意を払って、それにふれる人々の感性に訴え、その感性を大いに磨いたと言われています。情感のあふれたものでもなく、また思いやりのない戦い振りがやけに目立ち始めたと感じるのは私だけでしょうか。

㈠ 指導者の正しい教育方針
㈡ 試合者の正しい勝負心
㈢ 正しい剣道理念に裏付けされた試合規則と審判規則
㈣ 正しい理念の備わった審判者
㈤ 公正なる観覧者

これらは、『相和する』の項でも紹介した、私の「剣道試合」五つの改革の柱ですが、今、それぞれの柱が完全に壊れてしまっているのです（しかし、実際には妥協というあやふやな意識でかろうじて支え合っている）。それが壊れていなければ、本来、試合というのは戦いであり、日々の稽古の凝縮されたものであるので、試合は肯定してもいいと私は思います。

ところが現在の試合を見ると、この四本の柱に裏付けされた基本に正しい心や技で戦っている人が少ない。基本の抜けた応用なのです。と言っても基本あっての応用ですから、それは適切な表現方法とは言えません。いわゆる基本に準じたような得意技が見られないのです。

しかしながら我々は何かにつけて基本、基本と、それの大切さを説きますが、基本とは一体何なのでしょう。それは何かと尋ねると、切り返しと懸かり稽古と答える人がほとんどですが、それも応用のうちであると私は思います。が、それさえも流れの中で準備運動的に行なっているのです。

私たち剣道人は日頃から剣道界の中だけの生き方や競争に終始する傾向が強く、私達の学連ＯＢ会の仲間では、この点の心懸けとして、次のように申し合わせています。それは「慢心して世間が見えなくなった御釈迦様の手中にある孫悟空となってはいけない」と。

最近、身近なパーティーの席で「基本」とは何ぞやとの議論を張っていたので、ジッと聞いていた私は、向いの席に居られた懇意にさせていただいている秀麗なるピアノの先生に対して、皆の会話を制して、「先生、音楽における基本とは一体、何でしょうか」と尋ねると、即座にひとこと「心であり、イメージではないでしょうか」と答えられました。

私たち剣道人は一瞬にして、今までの言葉を恥じずにはおれませんでした。心の持ちようが正しくなければ、形の修行をしても、それは終始、形から抜け出せないであろうと……。まず「正しい心なくして正しい形も存在せず、したがって正しい基本も存在しない」すなわち島田虎之助の「剣は心なり、心正しからざれば剣また正しからず。剣を学ばんと欲する者はまず心を学ぶべし」です。その意味において、基本をしっかり備えた技は、正しく真っすぐに信念を持って打つのですから非常に威力があります。

印象に残った二本の面

今大会において、そんな威力のある相手の急所を見事に割った面が二本見られました。まず3回戦の第7試合における権瓶吉孝七段（新潟）と宮脇裕人六段（愛媛）の対戦で、宮脇選手が延長2回早々に決めた面がそれです。権瓶選手の荒々しいパワーのある剣道に対して、宮脇選手は185㎝の長身から比較的ジックリと攻め込んでいってドーンと打つ、言い換えるならば、権瓶選手の手数と宮脇選手の懐の深さを利用した攻めが、同じ国士舘大出身でありながら好対照で非常に面白かったですね。お互いにその持ち味（個性）を出し合っていました。

そして結果的に、権瓶選手を懐に入れなかったのが宮脇選手の勝因ではなかったでしょうか。権瓶選手は、勝機を見出すために盛んに相手の懐に入ろう入ろうとしていましたが、宮脇選手は正中線を崩さず、中心を攻め、常に相手の機先を制していました。その辛抱が最終的にあの豪快な相手の起こりを見事に捉えた面を生み出したのではないでしょうか。

それはまさにお互いが捨て身に変化しようとしたところで、狙って打ったという技ではないでしょう。無心の技であったと思います。先に述べた藤原選手同様、権瓶選手も打たれて文句のないところでしょう。今後、権瓶選手に修行による味わいが出てきた時は鬼に金棒となるでしょう。その日が楽しみです。

ただこの対戦で気になったのは、宮脇選手は小手を放つ時に、腰を落として体を沈めるため、185cmの身長が相手よりも低くなってしまうのです。そこのところがまだ未完成で、持って生まれた素質を逆に殺してしまっているようです。

剣道とは面白いもので、本人にしてみれば、勝つためには体を崩して打った方が当たる確率は高いという意識が常について回っているものです。ところが第三者から見れば、それは見苦しくて、かつ大きな危険性をはらんでいる。

たとえばある選手が小手を放った時、体を崩したならば第三者の眼には、そこにもう一方の選手が基本通りの小手・面と乗っていけば、本当は何でもないことなのにな と映る。が、勝敗に対する意識過剰がお互いがまず打たれないようにという過敏な反応を生み、複雑な動きを作り出してしまっているのです。言うは易く行うは難しなどと言われますが、基本をしっかり身につけていれば、動ぜずに素直に打っていけば何でもないことなのです。

しかしこの「動ぜず素直に」という心が実は大切でむずかしいことであり、「心の基本＝イメージ」と言われた所以であって、その心構えは師匠の正しい指導の証でもあるのです。

運動というのは、自分のことは自分ではなかなか気がつかないものです。だからこそ師匠が必要なのです。そして自らは、稽古中ならば時折、自分の姿勢を想像したり、あるいは人のふり見て我がふり直せという意識を常に頭の隅に置いておく。基本というのはそれほど大事なものなのです。

さて、私の印象に残ったもう一本の面は、準々決勝の第3試合、東良美六段（愛知）と伊藤次男六段（神奈川）の対戦における東選手の面です。

試合は開始まもなくして、伊藤選手が相手の意表をついた大技のかつぎ小手で一本先取しました。それは非常に大胆な技でした。東選手の構えはよく腰が入っていて、その立ち姿には非常に好感が持てます。出場選手の中では、正攻法です。

この東選手のような構えを「首の抜けた構え」と言います。今、ほとんどの選手は首が身体に埋ってしまっている。いわゆる力んだ姿なのです。だから竹刀を振り回すだけの小技に頼りがちになり、大技が生まれてこないのです。また「首の抜けた構え」というのは、懐が深く、またバリヤが厚く、相手を決して身近に入れません。すべて業前で処理することが可能です。上手と下手の違いはそこのところで、下手はすべて相手の打ちを手元に吸い込んでしまって処理しようとするから体勢を崩してしまうのです。

この東選手のバリヤの厚い、しかも堅い中心を破るには、小技では不可能です。ましてや迂闊には入っていけない。その意味で大胆なかつぎ技というのは攻めが十分ならば、手元が一瞬、ハッと浮きますから、先に述べたように意表をつくという点では効果的です。伊藤選手の勝敗に対する執念が表現されていた技と言ってもよいのではないでしょうか。

この伊藤選手の剣道は、非常に柔軟性があり、型にはまっていない個性派の選手です。これは神奈川県警の特徴ではないでしょうか。気にも技にも柔軟性があります。

試合はこの後、伊藤選手が粘りある剣道だけにそのまま一本勝ちかと思われましたが、終盤に入って東選手は目のさめるような捨て切った面を決めました。あの土壇場で一本取り返すのは、やはり力のある証拠です。東選手が瞬時に攻め勝ち、伊藤選手が半歩退いて「ムッムッ」と我慢して、攻め返そうとするところの先をとって、〝ドーン〟と出ています。戦いのクライマックスに放たれた大技というのはやはり一瞬の出来事ですがドラマとなりますね。これが筋書きのないドラマと言われる所以でしょう。打った後もよく腕が伸びていて、基本に近い打突であることを物語っています。それはまた良い構えから放たれているということの証明でもあります。良い構えからは良い技が自然に生まれ出るものなのです。

この対戦は結果的に延長2回で勝敗決せず、判定となり、3―0で伊藤選手が勝ちました。が、これは判定のつけられない内容で、しようがなくつけているようなものです。試合後の東選手が面を外すまでの様子を見ても、なんとなく茫然として納得できていないふうでした。結局、この対戦は演出（判定制度そのもの）の悪さで、急転直下、観ている者にはつまらない結末となってしまいました。

今大会では、判定によって勝敗を決した試合が11試合にのぼりました（昨年は3試合）。もちろん審判員は信念を持って判定しているのですから、観衆に対しては迎合する必要はないのですが、判定制度というのはやはり万人を納得させることはできません。判定基準が不明瞭であり、かつ審判員の価値観もその人その人によって異なるわけですから、納得できそうで、できない、とくに選手にとっては後々まで凝りを残す制度と言っていいでしょうね。

判定の心は、私は実は試合規則の問題ではなく、観ている側の価値観の問題で、帰る道すがらどちらの剣風が好きだ云々の範囲であると思います。例えば、京都剣道祭の範士八段以上の立会の問題ではないでしょうか。それを選手権大会で採用するところに益々、混迷の度合を深めているところでしょう。

判定制度の話が出たついでに、有効打突の基準についても触れてみたいと思います。

現在の審判は、冒頭で述べた流れのない現代剣道の傾向に歩調を合わせて、どちらが早く打ったかというタイミングだけで採ってはいないでしょうか。我々の学生の頃は、たとえば面と小手をほとんど同時に放ち、瞬間的には僅かに小手が早いものでも、それがかすめとったり、という類のものであれば、急所をものの見事に打ち破った面を採用したものです。あるいは面の方が優勢だったが、小手が早い分を考慮して相殺にするという考えでした。

また腰を落とし、上体を曲げて打ったような下技は採らなかったものです。頭をよけて斜めに切らせて小手を打つのですからね。正々堂々の精神に反するもので軽蔑されたものです。そういった姿勢を崩して打ったものは一本ではないなどの根本原則を設けなければ、剣道はまた別な方向へと進んでいくでしょう。

実際、我々も審判をしてみて、タイミングのみに気をくばって臨む方が楽なのです。理合を考えないで両者の動きのみを見ていればいいわけですからね。すなわちお互いの気の流れを読む必要がないわけです。ただ鍔競り合いのカウントを数えるという労力が増えた分、審判に居つきが生じ易くなった。すると他の審判に追随するという現象が起こり易くなっています。

このように審判も選手も一瞬に生きようとする剣道ならば、運動神経の良い大学生が再び全日本選手権に出場してくるようになると面白くなります。現在の全日本は20代後半から30代前半の選手を中心とした大会ですが（本年度は平均33歳）、これが20歳前後の選手に果たして通用するかどうかは分かりません。言わば、今大会は30代で通用する人のスピードであり、体力であり、勘の勝負なのです。おそらく戦い方を変えざるを得ないでしょう。韓国剣道のこわさはここにあります。

現在の剣道はいわば品種改良を施した早稲であり病害虫に弱く少しの旱魃《かんばつ》や一瞬の強風で倒れてしまう、都会の街路樹のようなものです。若い運動神経の過敏な時代に当て方を急いで勉強し、峠を越えたらもう枯れ切ってしまうというのが現状です。大地に大きく根を張ったバランスのとれた教育がなされていないのです。

だから剣道本来の手順を忘れてしまうのも無理からぬことかも知れません。現実に行きづまったら、歴史を振り返って勉強し直さねば、現在もまして21世紀の未来など見えてきません。改革は急を要しているのです。

る街路樹のようなもので大地にしっかりと根ざした教育がなされていない。すなわち心の基本を養成する教育を怠っているので未来の大木となるであろう新芽も若木も育ってこないのです。逆に鉄の枝やプラスチックの枝が飛び出してきているのが現状ではないでしょうか。

『二十一世紀へのメッセージ・世界に生きる日本の心』（名越二荒之助・展転社）に次のような一文があります。

『戦後の日本では国家の過去の出来事を否定的に考えることや、伝統的・文化的価値あるものに目を向けない現象は、あちこちで見られる。それらの考え方は、教科書にも広く採用され、多くの日本人にとって、それが不満となっている。日本人として戦後の改革、特に憲法と教育制度は、もはや時代錯誤という考えがある。京都大学のある教授は、次のように書いている。

「戦後の変革は、日本人独特の良心、洗練された習慣、そして日本の美徳がすべて失われた。三千年の歴史の中で、我が国が培ってきた文化・伝統が、今や絶滅しそうである。また日本人らしい独特の心と体を鍛える教育方法も、もはや過去のものとなってしまった。そして残されたことと言えば、技術力の増強と国家意識の喪失とである」

その後、日本では経済改革以外には国家としての指針が見つからず、空虚な精神と道徳の中に生活しているという自己批判が広がり始めた。

有名な小説家であり、東京地区選出の国会議員で、一九七六年に大臣になった石原慎太郎は、小説の中で再三このテーマをとりあげた。

「日本という国家の中心部分には、精神的なものが欠如している。この社会の流れの中では、道徳心の欠如が特徴となっている」と。

同様に、音響産業家の松下幸之助も、国家の目的と使命について、再三次のように述べている。

「戦後、我々は、改造された戦後体制と物質的な発展にばかり心が奪われて〝心を持った国家〟について関心を示さなかった。そもそも国としての自立性や将来への展望は、その国の歴史と伝統の上に成り立っているのである。現代の日本では、伝統はほとんど無視され、外国の習慣にとって代わられつつある。現代はこういう世代の人々が成長し、日本にはもはや日本人はおらず、自分自身と自信を持たない〝人間の群《むれ》〟があるだけである」』

事実、我々も今、大学生に接していると、彼らは日本人ではなくなりつつあるのではないかという恐怖感を肌で感じます。この変貌に歩調を合わせるかのように、教育現場においても、日本人としての自覚、誇りを促すような指導がなされていないのも現実です。

たとえば、これも『世界に生きる日本の心』によると、日本は国旗、国歌の意味を教えない唯一の国だそうです。「日の丸」や「君が代」が、どうして国旗となり国歌となったのか、またどのような歴史と意味を持っているのか、教科書のどこにも書かれていない。だから戦後教育を受けた人々は「日の丸」の真中の赤い丸は何なのか。「君が代」の君とは何なのか、教えられないままに卒業しているわけです。

「日の丸」の中央にある赤い丸は、すべての物を平等に育くむ太陽を表わしています。また白地は純潔とか潔白を意味し、昔から清潔を尊ぶ日本人の性質にぴったりしているとも言われたそうです。そしてそれは同時に世界各国の国旗の中で、最も単純な美しさを持っているのです。その意味を改めて知ると、まさに「日の丸」は優雅さの極致と言えるでしょう。

一方、「君が代」の「君」は天皇を意味しており、すなわち天皇も日の丸も、日本の象徴なのだからと述べています。

芸術点の欠如

現代の教育は、進学のための英語であり、国語であり、あるいは社会でしかない。そのためか、反面で純粋な子供たちの感性に訴える逸話や説話が次第、次第に忘れられつつあります。歴史を抹殺してしまっているのです。いわゆる本当の意味での精神、心を豊かにする教育がなされなくなってしまっているのです。

それは自分自身の心に日本人としての優雅さを彩る〝ふる里〟がないということであり、またそれを誰も知らない、誰も教えない国民に変貌しつつあるということです。

剣道界においても、それは例外ではなく、剣道に取り組む前の精神教育を否定したり、また疎かにしてしまってはいないでしょうか。

本来ならば、他の分野に先がけて教育されなければならないことが、これまた世の中の風潮と歩を合わせてしまっているのです。すると結局、「勝負のためだけに……」という底の浅いものに成り下ってしまう。

それにしても一体、どうして「勝負、勝負」と言って、それにこだわるのでしょうか。それさえ空念仏のように唱えていれば、剣道は成り立つという感じさえします。「あの選手は敗れはしたが、礼から蹲踞に至るまでの所作、あるいは構えなど、非常に優雅で惚れ惚れとしてしまった。これから剣道を学ぼうとする人や、若い人達は是非見習ってもらいたい。またあの選手をして、そういった優雅さを生み出させている原因は何なのか。その心の基本を尋ねてみたい」という話がでてこない。どちらかと言えば、「稽古不足のようだ」「瞬発力、技のスピードが素晴しい」などという技術的な巧拙に関する話に終始しています。

すなわち現代剣道には、芸術点という要素が端から加味されていないのです。芸術点とは人の心、感性に訴えるもの、いわゆる感動の度合であり、それこそが優雅さということに結びついていくのではないでしょうか。ところが現代剣道は元気点、技術点をあまりに重視するあまり、剣道本来の主要素であった芸術点を全く締め出してしまったのです。

つい最近、私のところに幼稚園児を稽古に連れてきているうちに、自分達もやってみたいと言って取り組み始めたお母さん方が二人います。私はそのお母さん方に「踊るように、あるいは舞うような気持ちで取り組んでみて下さい」と指導しています。それを「剣道は相争い、叩き合うものですから、しっかり覚悟を決めて取り組んで下さい」と言ったならば、それはある意味では脅迫であり、「とてもついていけそうにありませんので、やっぱり辞退します」と言われるのがおちです。

また中年から始めた人に対しても同様であり、競技性に重点を置いた指導は、身体に無理が生じるだけで、逆に「百害あって一利なし」です。すなわちそれらの人達を指導する場合にはとくに、100パーセントに近い割合で、剣道を芸道という観点から捉えた指導でなければならないのです。いわゆるイメージの稽古です。それこそが剣道本来のあり方であり、また剣道が果たす大きな役割に結びついていくのではないでしょうか。

心懸けによって剣道は変わるもので、その人独自の味が表現されてくるものです。が、ただ単に心懸けと言っても、漠然としたイメージではなく、深く掘り下げたところの説得力あるイメージとするためには、教える方もまた教わる方もやはり先に述べたように過去の歴史を振り返って、心を豊かにする逸話や説話など読み返してみる必要がある。その求める姿勢が大切なのではないでしょうか。

体力的に素質のある一部のトップレベルの人達が、競技性を重視し、激しく厳しい稽古に取り組むという分野も必要でしょう。それは求め方の相違として否定できるものではありません。ただそれらの人達と剣道を芸道として捉えて稽古に取り組んでいる人達と、どちらが優雅で美しいかと言えば、前者の人達は負けるかも知れません。もちろん勝負に対する鋭さや厳しさ、戦い方はかなわないでしょう。しかし総合的に剣道を文化として捉えて評価を下した場合、果たしてどういう結果が出るでしょうか。また単に試合の勝敗結果にとどまらず、人生における勝利者という点ではどうでしょうか。

昨年（平成元年）の全日本選手権を観戦して感動した試合がごく少数であったことを考え併せると、大きな不安にかられます。

逆に、競技性重視の人達から勝負という要素を取り除いてしまうと、彼らの剣道を形成する残る要素は一体、何なのでしょうか。そこで前者と後者の人達同士で約10分間、稽古してもらうと、非常に興味ある結果が確認できます。すなわち相手を打つことのみしか能力のないサイボーグのような人ならば、5分もしないうちに打ち飽きて、さらにしばらくすると打ち疲れてしまいます。そして5分を過ぎた頃には手持ちぶさたになってしまうでしょう。三本なら、あらかじめ三本勝負と決めてくれればいいのにと、稽古をしながらそういう思いが湧き起こるはずです。打算的なのです。

武力によってのみ人を制しようとする人は、実際にはその半分しか制することができないのです。とくに剣道を文化や芸術として心懸けて取り組んでいる人達に対しては、その精神、心まで支配することは不可能です。

剣道が剣道たる所以は文武が相まってこそ、初めてその真価を発揮するのではないでしょうか。すなわち心の基本が備われば、戦い方というのもおのずと変ってくる。しかしてそれがその人独自の味、表現力、芸術性ということに結びついてくるのではないかという気がします。

文と武が分離して、文は武をいやしみ、武は文をあざわらってしまっては、剣道は不健康な状態に陥り、その価値観は全く失なわれてしまいます。

その意味で古《いにしえ》を振り返ってみると、武将のまさに生死をかけた激しい戦いの中にも、風流、優雅さを感じさせる逸話、説話の数々が沢山残されています。

心の琴線に触れる説話の数々

私が幼い頃、父から聞いた話で今も尚、心に残り、自らの剣道を形成し、表現する上において大いに影響を受けているのは「源義家（八幡太郎義家）、衣川にて安倍貞任《さだたふ》と連歌のこと」という説話です。短い文なので『古今著聞集』より、以下その原文を抜粋してみましょう。

伊予《いよ》の守《かみ》源頼義朝臣、貞任《さだたふ》等を攻むる間、陸奥に十二年の春秋をおくりけり。鎮守府をたちて秋田の城《じやう》にうつりけるに、雪はだれに《はらはらと降って》降りて、軍《いくさ》のをのこどもの鎧《よろひ》みな白妙《しろたへ》になりにけり《真っ白になった》。衣川《ころもがは》の館《たち》、岸高く川ありければ、楯《たて》を高く川ありければ、楯《たて》をいただきて《高くかかげて》甲《かぶと》にかさね、筏《いかだ》をくみて責め戦ふに、貞任等たへずして《持ちこたえられずに》、つひに城の後よりのがれおちけるを、一男八幡《はちまん》太郎義家《たろうよしいへ》、衣川に追ひたて攻めふせて、「きたなくも《卑怯にも》、うしろをば見するものかな《敵に背を見せて逃げる気か》。しばし引きかへせ。物いはん《言いたいことがある》」といはれたりければ、貞任、見帰りたり《後ろを振り返ったので》けるに、

衣のたてはほころびにけり

といへりけり。貞任くつばみをやすらへ《馬のくつわをゆるめ》、錏《しころ》をふりむけて、

年をへし糸のみだれのくるしさに

と付けたりけり。その時義家、はげたる箭《や》をさしはずして《弓の弦からはずして》帰りにけり。さばかりのたたかひの中に《これほどの激戦の渦中だというのに》、やさしかりける《風雅な振舞であったことだ》事かな。

衣川の戦いにて八幡太郎義家が安倍貞任を攻め、いよいよ射程距離内に貞任を追いつめたところで、「逃げるとは卑怯、引き返せ。言いたいことがある」と呼びかけた。貞任が振り返ると、次の瞬間、『衣のたてはほころびにけり』（衣の経糸《たて》はほころびてしまった。衣川の館はいまや陥落した、の意）と下の句を投げつけたのです。

すると貞任は『年を経し糸のみだれの苦しさに』（歳月を経た古糸がばらばらになり、耐えきれずに。長期にわたる戦の意図（作戦）の乱れのために持ちこたえられなくて、の意）と上の句をつけた。本来、上の句を詠んで、下の句をつけるのが普通ですが、下の句をぶつけたのです。すると見事な上の句が返ってきた。義家はこれに感じて、射ようとした矢を外して帰ったのです。

生死をかけたまさに切羽詰った戦いの最中に歌を詠むなどということは、本来、考えられないことです。世界の人達が驚嘆し、日本に独特の文化を感じたのは、そういうことではないでしょうか。

武将達は武勇、勇猛を誇る一方で、〝文武〟の文、風流優雅さをも同時に養成していたのです。我々、剣道家も戦いの中に、このくらいの心の裕りが欲しいものだと感じます。その裕りが芸を感じさせるのでしょう。

また『平家物語』における屋島の合戦の中の劇的な〝扇の的〟も、戦いの中に風流、優雅さを感じさせる描写がなされています。

屋島の合戦に源氏は陸に陣を取り、平家は海に船を浮かべて相対せり。折しも美しくかざりたる船一さう、平家の方より漕出す。見れば、へさきに長き竿を立て、赤き扇を取附け、一人の官女其の下に立ちて、陸に向かひてさしまねく。源氏の大将義経これを見て、

「かの扇を射落す者は無きか」

一人の家来進み出て、

「那須餘一と申す者あり。空飛ぶ鳥も、三羽に二羽は、必ず射落す程の上手なり」

と答へたれば、「それ呼べ」とて、餘一を召出す。

餘一は、固くじたいしたれども、ゆるされず。心の中に思ふやう、萬一射損ずるならば、弓折りて自害せんと、かくごをきめて、馬にまたがり、海中に乗入れたり。

時に風強く波高ければ、船はゆり上げられ、ゆり下げられ、扇は風にひらめきて、いかなる弓の名人も、ただ一矢にて射落すことはむつかしと見えたり。

餘一目を閉ぢ、一心に神に祈りて、再び目を開けば、風やや静まり、扇も少しく落着きて、射よげに見ゆ。直に弓に矢をつがへ、ねらひを定めてひようと放つ。扇は要《かなめ》ぎはを射切られて、空高く舞上り、二度三度ひらひらとまはりて、さつと海中に落入りたり。

陸には大将義経を始め、源氏の兵《つはもの》ども、馬のくらをたたきて喜びたり。海には平家の軍勢ふなばたをたたきて、どつとほめ上げたり。

まさに現代スポーツの分野でのフェアプレーに対するスポーツマンシップとでも言うべき状況で

しょう。これより進化したものが武士道精神であるとも考えられます。

さらに『今昔物語』には、風格、気、優雅さが悪党の大親分の闘争心を溶解させ、闘わずして勝った〝袴垂〟という興味ある話があります。

昔、袴垂といふぬす人ありけり。着物をはぎ取らんとして、或夜、町はづれに出でて人の来るを待ちゐたるに、身分いやしからざる人、あたたかげなる着物着て、笛を吹きながら歩み来れり。「よき獲物《えもの》かな」と、直ちに飛びかからんと思へども、其の人の餘りに落着きたるに気をのまれて、近寄りがたし。後より従ひ行けども、其の人少しも気に止むる気色なし。わざと足音を立てて走り寄れば、笛を吹きながら静かに見かへる。ますます気おくれして、をどりかからんやうもなく、ただ元の如くに従ひ行く。

十町程も行きていよいよ心を決し、刀を抜きて切りかかれば、此の度は笛を吹き止めて、ふりかへり、

「何者ぞ」

と言ふ。其の一聲に身のちぢむ如く覚えて、思はず地にひざまづく。再び、

「何者ぞ」

と問はれて、

「ぬす人の大将袴垂」

と、ふるひながら答ふ。

「聞きたることもある名なり。我につきて来れ」と言ひて、又前の如く笛を吹きて行く。今は逃ぐることもかなはず、恐る恐る後に従ひて其の家に至る。何人かと思へば、其頃武名かくれなき藤原保昌《ふじわらのやすまさ》なり。保昌は家に入り、綿入一枚取出して袴垂に与へ、

「これを取りて行け。よからぬ業して、人を苦しむことなかれ」

と言聞かせたり。

其の後、袴垂此の時の事を人に語りて、

「これ程恐しかりしことなかりき」

と言ひたりとぞ。

現代では、家庭でも学校でも情操教育の分野の指導が非常に疎かになっています。その意味においてもこの分野の指導こそが剣道の果たす大きな役割となるのではないでしょうか。冒頭で述べたような時代だからこそ、よけいにその分野の教育の必要性を感じます。

敷島の大和心を人問はば

朝日ににほう山桜花（本居宣長）

日本の心、日本人の感性を表わす上において、これ以上の歌はありません。

剣道も同様に、剣道が〝剣の道〟と言われる所以、すなわち〝もののあわれを感じ、風流で優雅さがある日本人たれ〟という日本人の心、感性に根ざした分野の教育に、今こそ目覚めなければな

らないと思います。

第六章　稽古の本源を探る

古を稽える

稽古とは、すなわち「古《いにしえ》を稽《かんが》える」の意であり、書物を繙き、昔の事を考え、物の道理を学ぶことです。一方、武芸・芸事を習う時にも、その言葉は用いられます。

いわゆる書物から物の道理を学び、自らの心を洗い、人間性を高めていく方法に対して、後者の場合は、ある一つの動的な手段（事）を借りて、それを高めていくということではないかと思います。

その意味で、茶道や華道、能や歌舞伎、さらには我々が取り組んでいる剣道など、日本独自の伝統、文化の中で育まれ、今日に至っているそれらは、古を稽え、さらには将来に継承されるべき、非常に大事な文化遺産ではないでしょうか。

ところが一方で、今日の急速に変化する日本の社会情勢の中では、その時代を反映するかのようにカタカナやローマ字による新語、流行語が次から次へと生まれています。表現は適切ではないかも知れませんが、この傾向は日本人の感覚が明らかに欧米文化に毒されている一つの表れではないかと思います。

そのことは我々日本人にとってすべて〝悪〟とは否定できないものですが、日本人本来の感覚を大いにくすぐっているのは事実です。同時にその傾向が古を稽えるという学問の道を疎かにさせてはいないでしょうか。

先日、ラジオのスイッチをつけていると、たまたま『子供電話相談室』という番組を放送していました。何気なくそれを聞いていると、ある小学生の女の子が「親切」という言葉は、人のために良い行ないをするという意味なのに、どうして「親を切る」と書くのか、矛盾するのではないか、という内容の質問をしていました。

すると回答の先生は「〝切〟というのは刃物でものを切る、あるいは寸断するという意味の他に、思いがひたすらで強いさまという意味もあるのですよ」というさすがに明解な答を出した。同じ意味を持つ語には、〝切愛〟（深く愛する）、〝切言〟（心をこめて相手を説得する）などがあるようです。

このように我々が普段、何の違和感もなく使っている言葉ですが、その語源を探ってみると、そこには我々が思い込んでいた以外にまた別の非常に興味ある意味が隠されている。これこそ言葉の文化でしょうね。子供の素朴な質問ですが、私はハッとせずにはいられませんでした。果たして我々親は明解な答が出せるでしょうか。

この他の例を挙げれば、たとえば「礼儀作法」という言葉は、現在では「マナー」という表現方法に取ってかわられつつあります。不思議なもので、「マナー」というと、言葉の響きがよく、なんとなく気楽で肩が凝らない。ところが「礼儀作法」というと、なんとなく陰湿で堅苦しいという印象を受ける人が多いのが現状ではないでしょうか。いわゆるそう思うことが一般常識となって

後世に残すべき心と技を持った防具師を養成し、美術工芸的防具を創作し残していかなければ、化学製品や化学的物品は決して文化遺産とは成りがたいし、そのような防具を着装してこそ、初めて藝術の表現もできようというものであると強く信じるものです。

ところが今、剣道に対する取り組み方というのは便利さを否定しきれなくなり、逆にそれを求めて進んでいるように思います。すなわちどういう技術を身につければ、簡単に勝つか、どうすれば相手に打たれないかなど、高校、大学、あるいは警察剣道に至るまで試合を想定した内容の本来、意味する稽古とは全く逆の道を行く、新しさを追い求めた技術優先の〝訓練〟と言った傾向が強くなりつつあるようです。

日本の芸道というのは、ある意味では回り道の文化であることを最大の特徴としています。その過程において、さまざまなことを経験し、また失敗を繰り返すことによって少しずつスケールの大きな人間に成長していくのを旨としているはずです。〝道〟と言われる所以はそこにあるのではないでしょうか。が、現実はというと、指導者は近道（便利さ）ばかりを教え、また教わる方もそればかり求めているのが現状のようです。

歌舞伎が伝統を守り、日本人特有の義理人情を前面に出すことで、観客にアピールするという考え方に対して、世の中も変わってきたので演出その他をもっといま風に変えたらとの意見があるそうです。しかし我々は歌舞伎が大きく変質することは望んではいないはずです。

歌舞伎役者の七代目、尾上梅幸氏は、その著書『拍手は幕が下りてから』の中で次のように述べています。

「父はよくこんなことを言っていました。『舞台の途中でお客さまの手を叩かすな。幕が下りて初めて〝あぁ、よかった〟とハーッとため息が出るような芸を心懸けよ』。実際、途中で手を叩かれると、役の心を忘れて自分が表に出てしまう。お客さまを最後の最後まで引っ張っておいて、幕が下りた瞬間に割れんばかりの拍手が起こる、というのが理想だというわけだ。

これはなにも舞台の上だけのことではなく、人生においてもいえることではないか。人間もその幕を閉じたとき、その人の真の評価が決まるといわれる。父の舞台は幕が下りた時に拍手が起こったものだが、その人生もまたそうであったように思います」

この話は剣道の指導にもそのまま通じることではないでしょうか。

剣道を通して、何を指導していったらよいのか。この目的意識が現在、偏向してしまっているのです。すなわち剣道を通してただ単に技術というだけでは、その価値というのはそれほど高くはないということです。

技術というのは、「より遠間から大きく振りかぶって、真っすぐに打つ」。これ以外にはないと思います。ところが現在ではそれは逆に悪条件とされている。すなわち遠間より、近間に入り込んだ方が相手を捉え易い、あるいは振り幅を大きくするよりも、動作は最小限に止めた小さな打ち方の方が速い、さらには真っすぐよりも面を見せて小手を打った方が当たるなどの、変な意味の応用が主流になりつつあるのです。

そういった、この方法の方がより勝つ確率が高いからという安易な発想で近道を求めてしまっているのです。そして結局、体力のピークとともに、その人の剣道人生は早々に幕を閉じてしまっているのです。逆に回り道の文化ということを十二分に認識した上で取り組んでいると、今、述べたような方法がいかに簡略的であるかが見えてきます。

いわゆる節のない竹のようなもので、ヒョロヒョロと急成長はするが、ある日突然、ボキッと折れてしまう可能性が高いのです。

その意味で修行には上に立って修行する指導者の道と、下の立場で修行に励む二つの道の取り組み方があると思いますが、今、上に立って後進に道を示す、前者のそれが示されていないように思います。年齢的には60代、70代、80代ではどのように進むべきか、段位的には六段、七段、八段、九段へはどのように進化していくべきなのか、その理想の姿が心・技・体ともに示されていないので、後進は進路が見えて来ていないのではないかと思うのですが……。ある段階で幕を閉じてしまっているのです。だから安易な方へと流されてしまっているのではないでしょうか。

世阿弥の有名な教訓に「初心忘るべからず」という言葉があります。『世阿弥・花の哲学』（成川武夫）によれば、それは次のような説明が成されています。

「それは一面では『初心時の魅力ある芸をいつまでも忘れずに残しておかなければならない』という肯定的な意味を内包するとともに、その反面において、『初心の芸の未熟さ、真の花にくらべた時の未熟さをつねに忘れてはならない』という否定的な意味も含蓄している。つまり若さの魅力ある芸は、その芸の限界と未熟さを自覚する限りにおいては末長く保持されるが、これに反して、初心の芸の未熟さの自覚がなく、自分の力量以上に上手な演者だと思い込んでしまうと、もともと持っていた初心の芸の魅力さえも失ってしまう。つまり『初心忘るべからず』の両義性が語られているのだと思う」

世阿弥は『花伝書』の冒頭「年来稽古条々」において、幼少から老年に至る稽古の過程を七つの段階にわけて、その年齢にふさわしい能芸修得の方法を論じています。この初心という言葉は「二十四、五」の項に出てきますが、その段階、段階に応じて常に胆に銘じておかなければならない教訓ではないかと思います。ある意味で初心とは基本の大事さを説いているのであり、基本の追求に終始するということが芸道本来のあり方ではないかという気がします。

弛《ゆる》みと緊りの不均衡

健康の定義について、世界保健機関（ＷＨＯ）、世界保健憲章の前文では、健康は人類の基本的人権の一つであると宣言し、次のように示しています。すなわち、

「健康とは身体的、精神的、社会的に完全に良好な状態であって、単に病気、欠陥のないことだけではない。そして健康であることは人種、宗教、政治的信念、経済的あるいは社会的条件の差別なく、すべての人に与えられた基本的な権利である」と主張し、さらに「健康生活の維持には、健康

に対する理解と認識が必要であり、それらの普及、実践には健康教育と健康管理を等閑にしてはならない」と結んでいます。

健康とは身体的だけでなく、精神的にも社会的にも調和のとれた良い状態を言うのです。剣道もこのような健康状態であってこそ、剣道と言われるのではないでしょうか。つまり剣道における稽古が先に述べたように身体的な訓練というだけでは、稽古と呼ぶにふさわしい状態は確立されないということです。訓練のみで培った精神力は不健康であり、意外にもろいものです。

それでは我々が稽古と呼ぶにふさわしい状態を確立するために、現在、欠けているのは何かと考えてみると、訓育ではないかと思います。私の知る範囲内では、今の剣道の稽古というのは、とにかく訓話がないそうです。ただ単に身体的な運動で汗をかくことのみに終始している。竹刀を交えた状態で、心の会話ができる境地にまで達した名人同士ならばそれは必要ないかも知れませんが……。

しかしながら現在の剣道界で一流の選手と言われる人は、身体的運動能力に秀でている人を指して言っているような気がするのは私だけでしょうか。西洋にいうならば、かつてのギリシャ・ローマ時代の奴隷や捕虜を訓練して、戦わせて楽しんだたぐいと同じです。

それらの人達と稽古をすると、「あっ、この人は私を叩こうとしているな」ということを敏感に感じます。いわゆる叩きたい、打ちたい、打たれたくないという闘争心のかたまりなのです。さらに言い換えれば、単刀直入、有無を言わせずという野生の雰囲気をかもしだしており、文化、芸道と呼ぶには程遠い。すなわち訓育がなされていないことの表れであり、近道を通って来たことによる弊害がここに示されています。剣道はややもすると、そういう低次元の争いに陥り易い。だからこそ訓育というのは大事なのです。それが成されていれば、前回の『藝術論』で述べたように優雅につかってみようという心境にもなり、稽古も楽しくなってくるものです。そういう前向きな「楽しさ」なら大いに結構だと思います。そしてその楽しさというのがいわゆる心の裕りということではないでしょうか。

『宮本武蔵』（吉川英治）の〝風の巻・断弦〟には武蔵が吉野太夫と二人きりで夜を過ごす場面が描かれていますが、この部分を読むと、今述べたことの理解がさらに深まると思います。

「この時の武蔵は異性へ脈うつ動悸と同時に、吉岡伝七郎を討たれた門弟たちが廓を囲んでいる戦慄を全身に感じとっていた。吉野はそっと武蔵を見ると、その姿は針ねずみのように戦気で膨らむかと見えた。眸は鷹のように澄みきっている。神経は髪の毛の先まで働いている。吉野はこの一分の隙もなく緊張した武蔵に『あなたは誰に備えているのですか。女のわたくしには兵法などという道は分りませぬが、宵の頃からあなたの所作や眼ざしを窺っていると、今にも死ぬ人のように見えてならないのです。いわばあなたの面《おもて》には死相が満ちているといってよいかもしれません。……そんなことで人に勝てるのでしょうか』

『吉野殿、この武蔵を未熟者だと笑うたな、戯れか』

吉野は嬌《にこ》やかに頭を振って、『かりそめにも兵法者の武蔵さまへ、なんで戯れ言に申しましょうか。武蔵さま、あなたは先刻、吉野が皆様へのお慰みに弾いた琵琶の音を聴いておいで遊ばしたか。あの大絃、中絃、清絃、遊絃のわずか四つしかない絃から、どうして強い調子や、緩やかな調子、種々な音色が自由自在に鳴り出るのでしょうか。私は今ここで琵琶を一箇の人間として喩えてみたいのでございます。わずか四つの絃と板の間からあのように数多い音が鳴り出るというのは不思議なことではございませんか』と言って、白楽天の『琵琶行』の一節を語り、さっき弾いた琵琶をかかえてくるやいきなり鉈で惜し気もなく縦に裂いてしまった。

『この通り、琵琶の中は空虚《うつろ》も同じでございましょうが。では、あの種々な音の変化はどこから起るのかと思いますと、この胴の中に架《わた》してある横木ひとつでございまする。この横木こそ、琵琶の体を持ち支えている骨であり、臓でもあり、心でもありまする。――なれど、この横木とても、ただ頑丈に真っ直ぐに、胴を張り緊めているだけでは、なんの曲もございませぬ。その変化を生むために横木には、このようにわざと抑揚の波を削りつけてあるのでございまする。――ところが、それでもまだ真の音色というものは出てまいりません。真の音色はどこからといえば――この横木の両端の力を、程よく削《そ》ぎ取ってある弛みから生れてくるのでございまする。――わたくしが、粗末ながらこの一面の琵琶を砕いて、あなたに分かっていただきたいと思う点は――つまりわたくし達人間の生きてゆく心構えも、この琵琶と似たものではなかろうかと思うことでござりまする』

『……』

武蔵の眸は、琵琶の胴からうごかなかった。

『それくれいなこと誰でも分かりきっていることのようで、実はなかなか琵琶の横木ほども、お肚《なか》に据えていられないのが人間でございますすまいか。——四絃に一撥打てば、刀槍も鳴り、雲も裂けるような、あの強い調子を生む胴の裡には、こうした横木の弛《ゆる》みと緊《し》まりとが、程よく加減されてあるのを見て、わたくしは或時、これを人の日常として、沁々《しみじみ》、思い当ったことがあったのでございまする。……そのことを、ふと、今宵のあなたの身上に寄せて考え合わせてみると……ああ、これは危ういお人、張り緊まっているだけで、弛みといっては、微塵もない。……もしこういう琵琶があったとして、それへ撥を当てるとしたら、音の自由とか変化はもとよりなく、無理に弾けば、きっと絃は断《き》れ、胴は裂けてしまうであろうに……、こうわたくしは、失礼ながらあなたのご様子を見て、密にお案じ申していたわけなのでござりまする。決して、ただ悪ざまに申したり、戯れ口を弄んだ次第ではありませぬ。どうぞ、烏滸《おこ》がましい女の取越し苦労と、お聞き流し下さいませ』

現在、主流となっている剣道の状況と照らし合わせ、よくよく自らを振り返ってみる必要があると思います。

『戦国武将と茶の湯』（米原正義）によると、

「文と武とは、言葉の上では対立する。にもかかわらず戦国武将がいずこに武芸と矛盾する文芸に執着したことは、まぎれもない事実であった。それなら彼らの文化摂取の心は奈辺《なへん》にあったか。それは慰むため、つまり娯楽・遊興のためと単純に考えることもできるし、英雄閑日月あり、の心境も見逃せないだろう。

さらに(1)文武両道を兼備した武人こそ真の武士とする伝統的観念があったこと、(2)武者の伝統として、恥の観念、名を惜しむ意識があったこと、(3)文芸と武芸を同一視していたこと、(4)政治の担い手としての武将が、文道は政道を助けるものと考えていたこと、(5)したがって文化は武将の権威を象徴し、文化の実用化、政治の強化に主眼があったこと、(6)たとえば連歌をやれば戦に勝てると考えていたように、祈禱・法楽的意味が多分にあったことなどが挙げられよう。

そして最後に残るものは、戦国武将の和歌好き、連歌好き、総じて好き＝数奇の心に支えられての文化摂取ではなかったか……」

また同書の〝茶の湯と武芸〟と題した項では、

「歌連歌ぬるきものぞといふ人の

あづさ弓矢を取たるもなし

武士の知らぬは恥ぞ馬茶湯

はじより外に恥はなきもの

はじめの一首は、戦国の奸雄といわれる三好長慶《ながよし》の和歌である。和歌・連歌を「ぬるき物」、力弱いものと考えるのは誤りで、これらの教養を身につけたものこそ、真の武士である、というのである。

戦国武将は王朝古典に憧憬し、長慶の和歌によっても知られるように、和歌・連歌を嗜んだが、また諸芸にも心を寄せた。その諸芸のうち茶の湯について、戦国末期から近世初期にかけての最高の武家文人・細川幽斎（藤孝、忠興〈三斎〉の父）の詠んだ教誡歌が二番目の和歌である。武士として馬術（武芸）とともに茶の湯を知らぬと恥をかく、これ以上の赤恥はない、というのである。細川幽斎が茶の湯の必要性を強調しているのは、戦国時代から織田・豊臣の時代、つまり織豊期（安土桃山）に茶の湯が流行したから、といった理由ではなく、文武は車の両輪、鳥の両翼といった伝統的な考えがあったからであろう。また戦国乱世のことだから、緊張の連続の日々のなかで、一碗の緑色の茶によって、心静かに緊張を和らげるという意味もあったろう。悠々閑々、閑日月の気分にひたることのできるのは和歌だけではなかったはずである」

とあります。以上の内容をもとに、我々剣道家が今の時代に稽古に取り組む意義というものを考えてみると、一日24時間のうちの僅かな時間、俗世間（一般の人が現実的・日常的な生活を送っている世の中）を離れて、道場という神聖な場において、道人となり自らの人間性を磨くということにあるのではないかと思います。

ところが、俗世間と同じような感覚で、稽古に取り組んでいるのです。それでは稽古本来の意味をはきちがえるのも無理からぬことかも知れません。

大自然を師として学ぶ

日本文化の中で育まれ、〝道〟として確立された茶道・華道、能あるいは我々が取り組んでいる剣道など、それら諸般の芸道に相通ずることは、すべて大自然の感化を受けているということではないかと思います。

『南方録』「覚書」の次に掲げる一節は、わび茶の心を述べた最も有名なところです。現代語訳したものをここに抜粋してみましょう。

「紹鷗は、わび茶の心は新古今集のなかの藤原定家の歌、すなわち、

見渡せば花も紅葉もなかりけり
裏のとまやの秋の夕ぐれ

この歌の心のようにこそありたいものだ、といわれた。

花、紅葉はすなわち書院台子の立派な姿にたとえたのである。その花や紅葉をつくづくとながめ尽くしたところに無一物の境界、裏の苫屋の世界がひらかれてくる。花、紅葉の世界を知らない人にははじめから苫屋に住むことはできぬ。そうしたものを見尽くしこそ苫屋の寂《さ》びきった境地を見出すことができる。つまり、花やもみじを見あきた者に、初めてしみじみ味わうことのできる心境が、わびであるといえるし、これが茶の本当の心だといわれたものである。

また宗易は今一首、わび茶の心を示す歌をみつけたといわれて、定家の歌とともに二首を書き、茶の心として信奉されていた。同集の家隆の歌で、

花をのみ待つらむ人に山里の
雪間の草の春を見せばや

これもまた定家の歌に加えて得心すべきである。世の中の人々はどこの山、かしこの森の桜がいつ咲くだろうかと、あけくれ外に探しもとめて、真の花、紅葉が自分のこころなかにあることを知らない。ただ目にみえる形ばかりを楽しんでいる。去年一年の花も紅葉もことごとく雪がうずめつくして、何もない山里になって寂びきったところは裏の苫屋と同じである。しかしまたその無一物のなかから、自然に感興をわきおこらせるような動きが、人工を加えるまでもなくあちこちに存在しているのは、ちょうど、うずめつくした雪が、春になって陽気を迎え、そのとけはじめたところどころに、いかにも青々とした草の芽が、ほつほつと二葉、三葉もえいでるのに似て、作為を加えないでこそ真実なものがあるという道理をあらわすものとして、この歌をうけとられたのである。歌道の心としてはいろいろ細かいこともあるだろうけれど、この二首は紹鷗、利休が茶の道に歌を取り入れられた、その心がまえを聞きおぼえていて記しておくのである。このように道というものに心を深く持って、さまざまの場において悟りを得たことは、とても私などの及ぶところではない。まことに尊ぶべき、稀有の道人であり、その教えは茶の湯のことかと思うと、まさしく釈迦、祖師の悟りそのものである。ありがたいことだ」

紹鷗とは武野紹鷗《じょうおう》、（〈一五〇二―一五五五〉もと武田家の一族でしたが、その祖父仲清が応仁の乱で戦死したため武人を嫌い、野に下って姓も武野とあらためた）利休の師としてわび茶の大成に大きな影響を与えた人で、宗易は千利休その人です。

この一節を読んでみると、やはり茶道は自然と密接な結びつきを持っていると判断できます。そ

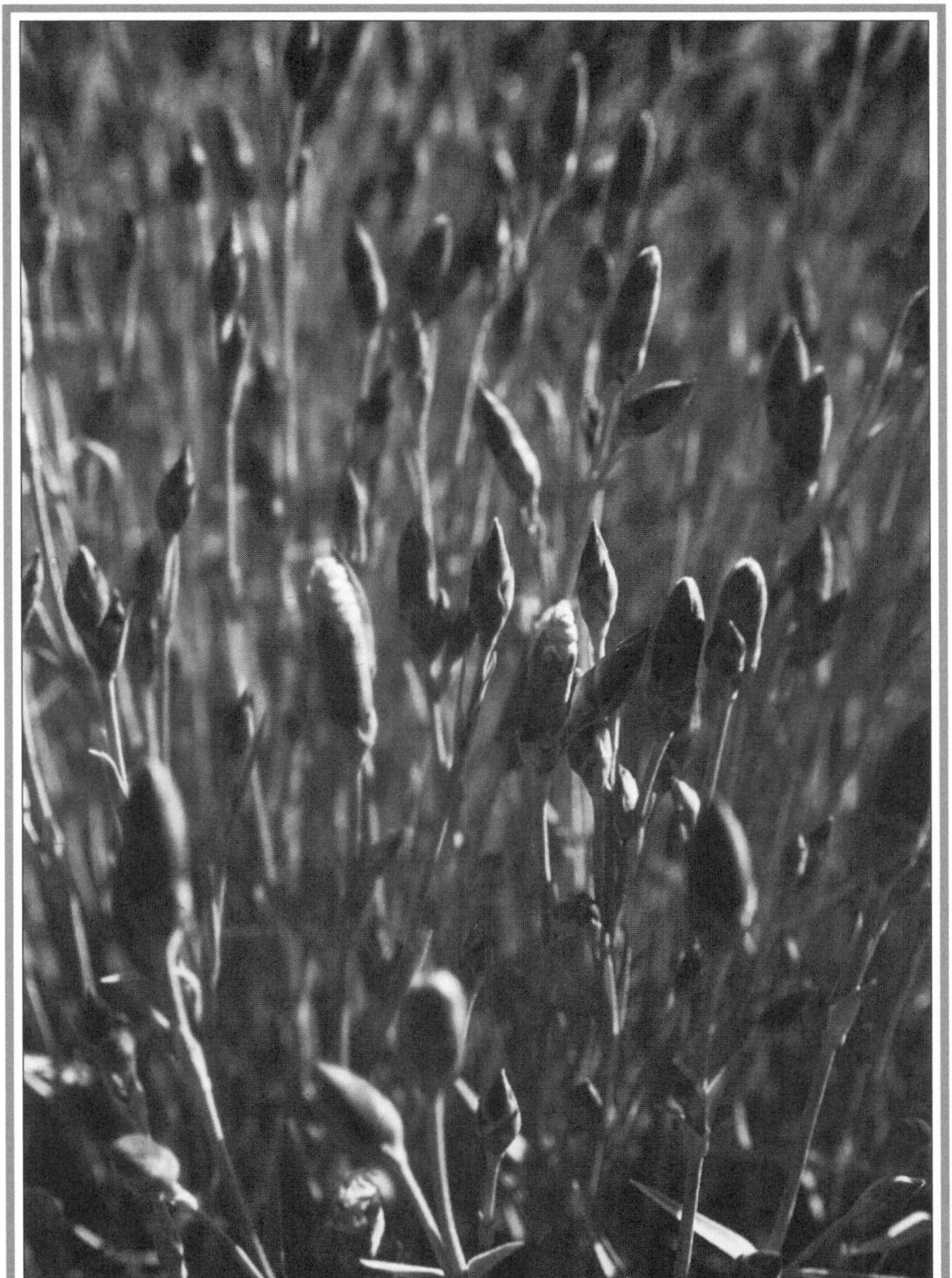

してよく教科書に書かれている、利休が美しく掃き清められた庭の掃除を命じられて、木を揺すぶり木の葉をほどよく散らしたという逸話は紹鷗をして、利休が若年（十九才）にしてよくわび精神を備えていることを見てとったことを伝えています。

このことから紹鷗の隠遁的なわびに対して、利休のわびは静けさの中に新しい活動力を秘めたものです。

また能においては、先に紹介した『世阿弥・花の哲学』に次のように述べられています。

「世阿弥は能芸美を花にたとえ、そこに自然の花のような美しさ、咲く花のような珍しさを求めた。能芸美は舞台の花として開花しなければならないのだ。舞台の花は、観客の目に映る美的対象としての花の美であるとともに、また、これを主体的に、心技一体的に表現する技術、工夫、芸の力に即した花でなければならない。それは、観客の目に見える外的な『花の美』の向う側にある、目に見えない内的な『花の心』である。演技者は想像力によって先取りした、可能態である美的対象を自己の芸術的表現力によって現実の美的対象である舞台の花たらしめるが、この花の表現は、役者の美的芸術的生に即していえば彼の本来的な自己実現でもあるだろう。かような意味で役者の『花の心』はまた、彼の到達した芸位であり、芸境であるともみなされる」

剣道も本来、こうあらねばならないのではないでしょうか。大自然を師として、自らを見つめ直してみると、改めてその未熟さに気づくと同時に、大自然の偉大さにも気づくはずです。するとそこには感謝の気持ちが自然に芽生え、相手を打ちたいとか勝ちたいと思って取り組んでいる自分がちっぽけなものに思えてくるでしょう。そして真剣に取り組めば、取り組む程、心が洗われる気持ちになり、相手に対する思いやりの心（裕り）が生まれてくるはずです。

人間同士による戦いを芸道にまで高められたのは、やはりそういった大自然という心の師があったればこそではないかという気がします。

人間というのはやはり自分が一番かわいいものです。それはある意味で利己主義ということでもある。いかに母親と言えども、「火事だ！」と叫ばれた瞬間には、本能的にまず自分だけ逃げ出そうとすると言われています。そして次の瞬間、「ハッ」と我にかえり「子供が……」と気づくそうです。

そういった諸々のことを教え導いてくれるのは自然以外にありません。自然が一番厳しくて、優しくて、そして温かい。それは日本の四季、春夏秋冬に示されています。

すなわち自然よりも偉大なものは存在しないのであって、それに感化を受けない限り、文化というものは成り立たないのではないかという気がします。

その意味で大自然を背景に人間同士の相対的な竹刀の交りを通して、自らもそして相手をも同時に高められるのが、剣道の最大の特徴ではないかと考えます。大自然という背景がないと、単なる闘争に終わってしまうような気がします。

修行というのは、常に自分に厳しくありながら、尚かつ剣道においては相手と切磋琢磨し合い、また協調し合いながら、自らを、そして相手をも高めていく。それには人に頼り過ぎてもいけないし、孤立してもいけないものです。それらのことをすべて教えてくれるのが大自然なのではないでしょうか。大自然の気高さというのは歴然として変わりません。ところがその自然が教え導く摂理を狂わしているのは我々人間自身なのです。物欲によって自ら狂わせておいて、自らが苦しんでいるのです。

世阿弥の言葉の中に、

「命にはをはりあり。能に果《はて》あるべからず」があります。これは剣道においても同様に言えることではないでしょうか。言い換えれば、『鏡花水月』――鏡に映った花や、水に映った月のように、目に見えていながら、手にとることができないようなものです。結局、大自然を師として取り組んでいる剣道であれば、果てはない。しかしその究極とはとなると、言葉では簡単に言い表すことはできません。

しかし自然を師としていれば、感性を磨くことが可能です。それによって薄っすらとその端緒を感じとることができるはずです。我々剣道家はこの感性を大事にして取り組んでいかなければ、夢のある芸道としての剣道には出会うことなく、早々に自らその幕を閉じることを余儀なくされるのではないでしょうか。

第七章　原点からの出発

心は「斬る」

「斬る」「打つ」「叩く」「当てる」……。これらは剣道の相手の打突部位を捉えるという点において同義語です。ところが我々の聴覚を通して描かれるイメージはそれぞれに異なります。実際にその言葉一つ一つを検証してみると、目的、心構え、ひいてはそれに伴った形に現われるものまで少しずつ違うのではないかという気がします。

この点をふまえた上で改めて現代剣道の内容を振り返ってみると、「打つ」「叩く」「当てる」という言葉が主流を成しており、それら三要素が入り乱れる中で形成されていると言っても過言ではないと思われます。

しかしながら私自身は、現実は「打つ」ですが、心は「斬る」という言葉を最も大事に、自らの剣道の基本に据えて取り組んでいきたいと思っています。その人の持ち味というのは、そうすることによって表現されるのではないでしょうか。

真剣から生じた剣道は、刀身の「切味」やもろもろの「拵《こしら》え」のひとつひとつ、またその姿や刃文に表現された直刃《すぐは》や乱刃《みだれば》の美的感覚は世界で類例を見ないものです。その意味において世界の宝物であり、当然、日本の国宝となっています。

そこから生まれた剣道は、たとえ危険防止の手段の一つとなっている竹刀といえども、「斬る」

という感覚で稽古に取り組まなければ、竹刀はたちどころに「棒切れ」と化して、「打つ」「叩く」「当てる」に成り下がって、日本文化の感性の重要な分野である「押し切り」「引き切り」が消滅してしまうと思うのです。

そこに登場するのが「居合道」であり、そして木刀、刃引（真剣の刃をつぶしたもの）による形稽古につながるのです。「居合道」により真剣の刀法や操刀を研鑽し、「試し斬り」によって、本物の切味を体でおぼえ込み、さらには木刀による形稽古によって刀の構造や性能を知る（鎬《しのぎ》や棟《むね》の働きを会得する）。

それを竹刀剣道に生かして初めて、竹刀・足・体の「捌き」の意味も理解でき、生涯剣道、いわゆる「不老の剣」へと脱皮、進化していくものと信じます。この真剣を竹刀剣道に生かす。これは現代剣道の最も欠けている点であり、後に詳しく述べますが、戦後、空白の時代によって置き忘れさられた悲劇ともなっているのです。

厳しい言い方をするならば、実弾を一発も撃ったことがないばかりか、本物の鉄砲を持ったこともなく、木銃を構えて撃つ真似事をして鉄砲撃ちの名人だと錯覚しているに等しくはないのかとさえ思っているのです。でなければ剣道の剣の文字を取り去って「竹道」と改めてはいかがかとさえ言われ兼ねません。

歴史的には「着袴《ちゃっこ》の儀」（3～7歳で初めて袴を着る＝日本国語大辞典による）に始まり、11～16歳にして「元服の儀」（男子が成人の表示として髪を結い、服を改め、頭に冠を加えること。貴人では幼名を廃し、命名、叙位のことがある。武士では烏帽子名《えぼしな》をつける。十六世紀頃から庶民は前髪を剃ることに代る……。女子は結髪、着裳《ちゃくも》をそのしるしとし、12～16歳ぐらいの間に行なった……）によって真剣を与えられたものです。

私も15歳の時、父につれられ、着袴し、脇差を腰に帯び、五島藩の鎮守である城山神社に詣でて、武士の世であれば、この脇差にて切腹して責任をとるのだと諭され、作法を知り、大人としての自覚を促された思い出があります。

ですから一門では、剣道参段以上になったら、真剣を手に入れることが法度のようなものでした。私は無双直伝英信流を身につけて、初めて父より長兄と二人が家伝の「越後流」を伝授されて只今、修行の身というところです。五島時代には父について、兄弟でよく「試し斬り」を稽古し、天井より木綿糸を何の錘《おもり》もつけずにたらして、斬らされました。首尾よく斬れた者は次に正絹の糸へと進みましたが、これはなかなか大敵でした。

また父が兄弟の前で太さ一寸、長さ三尺ほどの黍稈《きびがら》を宙へ投げ上げて三つに寸断した手足振《てだれ》りは現在でも記憶に新しいところです。

このように真剣に学び、形稽古に励み、居合道は家伝居合抜刀術「越後流」があり、竹刀稽古に生かせたのは幸運と言えるでしょう。ですから現代剣道も、竹刀稽古から本物志向へと進めば、やがて木刀や刃引による形稽古へつながり、居合道へと辿りつくのは理の当然と言えるのではないでしょうか。

すなわち形稽古や居合道の歴史を稽《かんが》えることは、日本刀の歴史や時代、さらには風俗や美術や文化の世界へと夢が広がり、真の剣道の隠された魅力へと引き込まれていくのではないでしょうか。剣道が果たす役割はこんなところからも探求され、発展していくものであると信じます。

何故ならば、「稽古」とは「古《いにしえ》を稽《かんが》える」であり、剣道本来の目的、あるいは価値観を考えてみた場合、やはり原点に立ち返ったところから出発しなければ、その本質には迫れないのではないか、すなわち「斬る」という言葉は剣道の原点であると考えるからです。

古を大事に、常にイメージして取り組まなければ、本道を踏み外して、枝葉末節にこだわってしまう誘惑、危険性が現代剣道には多分にある。いや、もう既に危険性という段階を通り越して、現実には本道が枝葉末節に侵蝕されてしまってはいないでしょうか。いわゆる「斬る」時代から「打つ」時代、そして「当てる」時代へ。この現実が、原点を次第次第に忘れさせているのです。それをただ単に時代の流れによる価値観の多様化と言ってかたづけてしまっては、剣道本来の存在価値というのは全く失なわれてしまいます。

原点からの出発により本物を知る

私は戦争末期の昭和19年12月に生まれ、3歳より剣を握りました。『三十年史』（全日本剣道連盟発行）によると、当時は、敗戦による連合軍の占領政策の一環として剣道は強制的に禁止されていました。その後、昭和27年講和条約が発効され、わが国の独立が回復すると、全国の剣道愛好者の熱烈な願いが実を結び、同年十月に全日本剣道連盟が結成されました。そして翌28年5月1日、文部省保健体育審議会が一般社会体育としての剣道の実施を認めるに至ったのですが、この間、実に8年もの間、剣道の空白時代が続いたのです。

この空白時代、五島藩の福江居城であった石田城跡の世間の眼にふれない袋小路の境内で、兄達は防具稽古、私は素足にて木刀と真剣による素振りのみの独り稽古に明け暮れていました。が、まだ子供ですから、空間の素振りだけでは飽きがくる。そこで楠の大木を仮想敵に見たてたイメージの稽古にも必然的に取り組むようになり、そこで培った足捌きなどは、今日でも大いに役立っていると思います。

また当時は、少年用の防具などなかったので、形の稽古がその後の日課となりました。今になって考えてみると、そのこともまた私にとって非常に幸運であったと感謝しています。すなわちあらゆる面において原点から出発することができたからです。

ところが現代の竹刀剣道は、この原点を体験せずして、完全に切り離した状態で取り組んでいるのです。すなわち本来は主であった素面素甲手による形稽古が竹刀防具の発明改良に伴い、竹刀による打込み稽古と試合が、次第次第に主にとってかわる傾向を強くし、現在では完全に主客転倒してしまっているのです。しかし一日も早く復活できるよう撓競技としてフェンシングをイメージした。時間中に何本でも当たったら旗を揚げて計算し10対5で10本の勝ち。

だからいくら剣道は長い歴史と伝統があると言ったところで、現状しか見ていない人にとっては馬耳東風であり、試合主流のそれに対して何の違和感も感じないのは無理からぬことかも知れません。ある意味では、現代剣道は三本勝負によるところの競技として完全に割り切って取り組んでいるのではないかという気がします。

ここのところが、古を振り返って学ぶという気持ちを持たない人、あるいは体験していない人に対しては、剣道の価値観、本質を知らしめる上において非常に伝えづらい点であり、指導上最も難しい点ではないかと思います。まず現状の先入観を打ち破らなければならないのです。父・武雄に言わせると、厳密に言えば、今、我々が行なっている剣道は、戦後僅か40年足らずの歴史しかないものということです。それは侍を捨て武士道を捨てた協議だったのです。

しかしこの現状の中にあって、剣道の原点を知り、形稽古をみっちり学んだ上での竹刀剣道であれば、〝気〟を大事にし、〝呼吸〟を大事にし、また相手との〝縁（和）〟を大事にする。すると一つ一つの業も大事にするようになり、その大事な業を一撃必殺で打ち込んでいくようになるものです。

ところが競技化の傾向を強くしている現代の剣道は、〝気〟というとスタミナの根源、あるいは肉体を叱咤激励する根性という意味の代名詞と化しています。また相手の〝呼吸〟、自らの〝呼吸〟におかまいなしで、機械的に自分の調子のみで、とにかく手数を出すことによって当てることに終始してしまっているのです。

相手と〝相和する〟〝優雅に捌く〟などと言うと、本物の原点を知らない、競技性を原点として捉えている人からすると、全くのナンセンス、夢物語ととられ兼ねません。話がかみ合わないのです。

そのかみ合わない最も端的な例を挙げれば、武道というのは、自分の都合の悪い時――、たとえば体調がすぐれない時や故障してしまった時に、いかに持てる力を発揮するか。そこでその人の完成度、熟錬度が試されるわけです。調子の良い時にベストの状態を発揮するのは当たり前です。スポーツというのはだから、いかにベストの状態をつくり出し、ベストの状態で臨むか。これを大前提としています。体調がすぐれなければ、マラソンも棄権です。極端に言えば、右手がダメなら左手でという発想が生まれてこない。

しかし剣道というのは、その原点を振り返れば、真剣によるところのまさに生死のかかった戦いです。だから相手はこちらの都合の悪い時に攻めかかってくるもので、わざわざ絶好調の時を選んで攻めてはきません。ここが武道とスポーツの大きな相違点の一つではないでしょうか。

死を目前にしていかに対処するか。武道にはその死という観念が常に背後について回っていただけに、いわば真剣にならざるを得ない。だからこそいついかなる時でも動じないために、日々の修錬を大事にしたのではないでしょうか。昔の武将達が戦いの中の切羽《せっぱ》(刀の鍔の表裏に鍔を固定する為の附属品で真剣で鍔がせり合う危険な状態)詰った状態の時でも、平常心を保ち、さまざまな文化を残せたのも、そこに起因しているような気がします。ここが武道の最も厳しいところであると同時に、指導上最も大事な点ではないかと思います。

しかしながら現代の一般社会において、そんなことを言ったところで通用しません。常に死と隣り合わせの切羽詰った状態に身を置いているわけではないので、それは当然のことでしょう。その状態を体験、経験した人でなければ、絶対に分からない、理解できないということは確かにあるものです。コーヒーを飲んだことのない人に対して、その味とかおりはどうだったかとは教えてやれない、表現してやれないのと同様です。

が、分からないからと言って端から放棄してしまっては、永遠にその真理には迫ってはいけません。その意味で、人間にはいい意味での道に対する欲の深さが足りないように思います。その真理に迫るためのものが稽古であり、「古《いにしえ》を稽える」ということではないでしょうか。ところがこのそもそもの稽古の本源が理解されていないのです。それを十二分に理解した上で取り組めば、古の武将の境地に僅かながらでも迫れるかも知れません。

またそのための稽古の手順としては、形稽古から入るべきではないでしょうか。

霊の存在を信じるかと尋ねてみて、端から「信じない」と言う人も、実際に真っ暗闇の中を一人で歩かせれば、おそらく恐がります。何故か。霊を感じるからです。

実際に体験してみれば、その真偽の程は明らかになると思うのです。が、それを確かめようとしない。その努力を惜しむのです。努力したことはいつかは必ず報われるものです。運が良ければすぐに結果として表われることもあるでしょう。しかしすぐに表われないことがほとんどです。しかし、やらないことは絶対に表われません。まぐれもまたありません。

ところが我々はすぐに結果を求めようとします。それには試合が一番身近でてっとり早い。その勝敗に対する努力ももちろん大事ですが、剣道本来の目標はもっとはるか遠くにあるはずです。それに対する探究心にやや欠けているのです。

そのはるか遠くにある剣道の本当の価値を知るには、できない相談でしょうが、約3年間程、試合も段位制度も一切、中止してみると、その原点が明確に見えてくるのではないかと思います。何故ならば、試合、そして段位に対する欲望が剣道本来の価値観を大いに狂わしていると思われるからです。

そしてそれがさまざまな悲劇を生んでいる。芥川龍之介の『蜘蛛の糸』を彷彿とさせる世界です。果たして、この空白期間を設けることによって、剣道は一体どうなるでしょうか。ますます、盛んになるか、あるいは廃れてしまうのか。興味のあるところです。

剣道は「人間形成の道」と言いながら、果たしてどれだけの人物を育成、輩出しているでしょうか。現在の剣道界から文化勲章を贈られた人物、あるいは人間国宝などが輩出されていない現実を見れば明らかです。現状のままでは、これから先もその期待は非常に薄いものと思われます。かつての十段位の先生たちは紫綬褒章を授与されましたが、現在では八段位まで格下げしたので、中途半端な段位なので授与するに値しない評価なのです。

剣道家は剣道という小さな劇場の中だけで、虚構の世界を演じていてはなりません。その殻を打ち破り、視野を広く、さらに深くした上で、原点を省みなければ、ある日突然、地盤沈下のごとく衰退していくやも知れません。

ただまだうっすらと、希望の光は見えています。その希望の光を明々と照らすためにも、我々は古を稽え、原点からの再出発を試みなければならないと思います。

今、ここに父・武雄が六十歳の時、昭和40年に『武道評論』という雑誌に投稿した記事がありま す。「剣道の中に育ち剣道に死にたい」と題した全文をここに掲載して、今回のテーマの参考に供したいと思います。

剣道の中に育ち剣道に死にたい

剣道興隆の秋といわれる今日、わが剣道界では「剣道はスポーツか、武道か」などと論議されており、大勢としてはスポーツ論を肯定しているようであるが、祖国日本に生れて数千年の歴史と伝統をもつ剣道に対して、いまさら「剣道はスポーツか武道か」などと論議されることそのものが、すでに根本的に間違いである。

剣道を時代的に良い意味で改編することは悪いとはいわないが、スポーツ一辺倒にしてまで改悪する愚は反省すべきである。

世の一部の人々の説に「剣道の本山全剣連はスポーツ剣道を打ち出して体育協会にも加盟し、剣道のルールを定め試合形式をきめてやっている。このことそのものがすでにスポーツである」と迷論を吐いているが、昔の武道には各流派があってそれぞれに厳然たる刀、体運用の方式があり、断突すべき急所にもその重点が定められている。流儀とか極意というのもつまりは一つのルールといえるのであるが、こんな貧弱極まる根拠をもって剣道はスポーツであると断定するのはあまりにも軽卒であり暴論である。

また、説をなす人は「現在のスポーツは遊びとか娯楽などと一概に退けられないものがある。その内容も非常に高度なものとなり剣道と何等変らない。否、それ以上のきびしい訓練や苦痛を乗り越えて、肉体的のみならず精神面の鍛練も行なっている。むしろ剣道以上の善行や訓練が要求されているくらいで、どこにその差があるかわからない。それを剣道は武道でスポーツ以上のものがある、などと気取っていて、それが他のスポーツ団体に排撃されていることが判らずにいる。この際剣道はスポーツでなく武道だなどと高くあぐらをかいておらずに、スポーツ剣道として他のスポーツに伍して相提携して進んでゆくのが賢明な策である」などと、もっともらしいことを言っているが、これが他のスポーツ人や部外者の言説ならまだしも、かかる説をなす人々が、剣道界の高位にある人達なのだから唖然とさせられる。

剣道にはルールが定められているからスポーツであり又他のスポーツに比べて鍛練の度や、きびしい修行の差がないから剣道はスポーツであるとか、差があるから武道だ、などと憶面もなく判定しているが、剣道が武道である、と言うのは決してそのような浅薄な根拠によるものではない。われわれは決して他のスポーツが低く武道が高度なものだと、その優劣を云々して「だから剣道はスポーツではない」というのではない。「スポーツ」という言葉がわが国、否、全世界に普及されていない時代にすでにわが国には「武道」が又その言葉が創造研練され脈々としてこれを伝承して来ている。確かに武道は日本においてはすべての点でスポーツ以前のものである。その武道の意義の「心」が現代日本に通じないというならば、それを認識させ関心を持たせるための努力を剣道界や剣道人は注がねばならない。

終戦後にあらゆる制約の下に剣道から生れた「撓競技」はこれこそ「競技」を前提として組み立てられた純然たるスポーツであるから、スポーツとしての分野論議はこの撓競技にゆだねておけばよい。スポーツ剣道云々はそれだけで結構だ。

われわれ日本人は、武道の持つ美しく良い伝統を守り育てて高度な近代日本民族の形成とその発展につくしたい。そのための「武道」への固執である。

剣道は万古不変の武道である。われわれが剣道を修行している場所は古くから「道場」とよばれているが、道場とは元来仏道を修行し仏教を説く聖場をいったもので寺院の別名であったのである。それがわが国の中世頃から武を修練するところを「道場」とよぶようになったが、右の由来からいっても剣道は「道」を研修し体現するもので、これを離れてはその存在はなかったことが立証されるのである。

このように古来なら道場は神聖な場所とされ、その正面には天照大神やその他の神々或いは大国主命との国ゆずりの際にその使いに立たれて武の威徳によって平穏の裡に国ゆずりの大任を果された武甕槌命と経津主命の二柱の神を武神として祀られ、道場内での礼法や作法も厳格なものが規正され実行されてきた。

これは一部の人が言うような宗教的なものでなく、人間としての「祈り」と「誓い」であり、又一つには祖国日本の発展と平和のために貢献された人々を神として祀りその徳行を欽仰敬慕する行為でもある。

道場礼儀の一つである清浄整頓の礼から道場出入りの礼に始まり、師範の席・上下の席が定まり、道場内での諸作法もそれぞれ厳粛荘重な規則や礼法が定められている。この長幼の礼や諸作法などの励行も、又決して封建的な階級性とか権威主義などではなく、道場内における一挙手一投足に至るまで士道・人道を守って厳格にこれを行っているのは、実に「道」を重んずるからである。

然るにこの道の一つである礼が一般の人にも剣を執る人にも浅く考えられてきているようである。剣道は礼に始まって礼に終る、というこの礼の本態を全く皮相に観察して、ただ稽古の「始め」「終り」に頭を下げるのをそれだと考えている人が多いようであり、又それを強調してはいるが、実際にはこのような形に現われた礼すら行われていない面がよく見受けられる。青少年の剣道の指導に立たれる大家高段の士の大部分が一方的に相手に礼を要求し、己れは蹲踞したまま頭すら下げない実状である。

武道の礼とはそれを体得することであり、自らの人格に備えて実行することである。剣道指導者は彼等青少年に対して正しい礼法と敬愛の心とを率先垂範しそれを行わせる愛情と責任がなければならない。現下の青少年の剣道指導に礼教育を取り去って果して何が残るであろう。剣道の礼とは決して形式のみの浅薄なものではなく、道場に入り、道場を出るまで、或はその延長たる家族や実社会に於ける人間としての礼節、道義、道徳、つまり文明人としての高い道義の励行にきびしさを要求し、それを体現することが「剣道の礼」であり、窮極するところそれは悠遠な、そして深い「祈り」である。ここに礼の重点が置かれなければならない。

剣道修行数十年にして「竹刀競技屋」となるか、或は「剣道家」となるのも、実にこの本態の姿を明確に摑んでいるか否かによって自ら分かれるのである。剣道には副次的ではあるが、偏らない広い意味の宗教的な価値もあるし、芸術的な美しさや哲学的な深さや悟りも包含されている。このことは長い剣道の歴史と幾多の人物形成の事実がこれを充分に示している。又昔から「剣禅俳の一致」などと言われる所以でもある。

スポーツは遊びから娯楽へ、そして現代では心身の鍛錬にその目標が向けられている。これは剣道も同様であるが、剣道は更に人間形成から日本民族の形成発展へ、ひいてはわれわれの祖先が唱えていた「八紘一宇」の顕現、つまり現代唱えられている世界国家とその各民族の融和と伸展を目標とされている。それは過去において武士的人格が養われ、そこに武士道が生れて一つの文化、所謂「武士道文化」が発現した厳然たる史実がこれを雄弁に物語っている。

剣道はこの武道として祖国日本に生れ育てられて数千年の間、我民族はこれを実践し伝承して、世界に誇る中世における輝やかしい文化を顕現するとともに、後には武士道文化を興し、遂に日本民族の興隆伸展が期せられたのである。

明治天皇御製

あさみどり
　澄みわたりたる大空の
ひろきをおのが心ともがな

四方の海
　みなはらからと思う世に
など波風の立ち騒ぐらむ

この御歌こそ武道窮極の「心」である。日本の少年少女は武道の中に生れ、武道によって育てられてゆく。そしてこの武道の本義を体してわが日本民族は生々発展してゆくのである。

私は第三者の人々が剣道を便宜上或は軽い意味でスポーツとして話題に上げたり、又分類したりすることに対してまで、神経質的に打消したり、訂正したりする必要はないと思っている。しかし、いやしくも剣道界では「武道」の内容なり、見解を充分に研究し徹底させて、これを統一し確立しておかねばならない。現状のままでは、あまりにも見識と統一のない社会だとのそしりをまぬがれないのではないか。

それにはわれわれ剣道人は、もっとわれわれの祖先が数千年に亘って身命を賭し、血肉を流して研錬し伝承してくれた「武士の本質」を遠くそして深く、素直に学びとるとともに、日本現在の実状と将来等を大局的に明察して、武道が益々近代日本民族の育成と世界平和に貢献出来るよう、その取扱いを慎重に考究すべきだと信ずる。

われわれ日本人は、殊に剣道人は「武道」と言う言葉がその「心」が永久に祖国日本に通用しなくなり、遂には消滅してゆくような愚を選んで、先人の霊からは勿論、子々孫々からも「あの時代の心なき剣道人否日本人どもが」と未来永劫《えいごう》消えることのない恨みと悔を残さないよう、心すべき現段階だとしみじみと痛感し自省させられる。

この文章は、父の26年前の論文ですが、改めてその内容にスポットを当てて吟味してみても、重要でかつ新鮮さに溢れており、剣道人は現在でも尚かつこの問題に対して明確な解答すら出せずにいるのが現状ではないでしょうか……。

第八章

危機一髪の臨機応変

「打ってよし、返してよし」。これは我々剣道家が最も理想とするところの稽古の姿を表現したものです。

ところが、現代剣道の姿を改めて振り返ってみると、「打つか避《よ》けるか」あるいは「打つか受けるか」が主流を成しています。これはあまりに体力とスピードに頼った競技性に拘泥してしまったことによる弊害の一端でしょう。

互いに相対し、技を練り、心を練る剣道においては、こちらが50%の確率で打ち込んでいける可能性を秘めていれば、相手も同じ確率で打ち込んでいける可能性を秘めています。その相手が打ち込んで来た時の対処の仕方が、あまりにも手際が悪い。すなわち体力とスピードのみを洗練させることに終始してしまっていることにより、剣道本来の最も味のあるところの教えを忘れさせて、発想を貧困にさせてしまっているのです。いわゆる打っては鍔ぜり合い、受けては鍔ぜり合い……と、稽古あるいは試合内容には一連の流れがなく、途切れ途切れに滞っているのが現状のようです。結局、相手を無視した自分本位の剣道でしかないということではないでしょうか。その結果、引退という現実が待ち構えているのです。

言い換えれば、強い磁気を帯びた＋《プラス》極同士の正面衝突であり、相手の＋《プラス》の技に対して、瞬間に−《マイナス》に転化し、吸収してしまう臨機応変さを兼ね備えていないのです。だから互いに反発し合うのも無理からぬことかも知れません。そんな原始的な戦い方から脱皮し、本物の剣道へと展開していくには、応じの妙を知ることで叶うのではないかと思います。

この極意を稽古で体現して指導していただいたのが警視庁の阿部三郎先生であり、私が最も影響を受けた名人でした。

応じ技に対する誤解

私がこれまで高段者の先生方のお話や、また実際の立会を拝見していて、今一つ不完全燃焼の状態から脱し切れない疑問点を、ここに述べてみたいと思います。

それは相手が打つ機会でないところに打ってきたならば、剣先を外さずに、中心につけていれば、攻め負けて先に技を出した方が負けであるという主旨のことです。いわゆる剣先をパッと相手の喉元につけて迎え突くような場面です。が、果たしてそれは瞬間に出遅れたために止むを得ず迎え突いたのか、それとも端から意識的に迎え突いて、それを良しとしたものなのか。

私は恩師範士九段大野操一郎先生（国士舘大学剣道部師範）を教育者として非常に尊敬する一つは、「下手《したて》の者に対しては決して迎え突きをしてはならない」という教えです。すなわち相手を萎縮させて、及び腰で稽古に取り組ませてしまっては技も心も死んでしまう。だから相手に堂々と、伸び伸び伸びとした100％の技を出させておいて、（応じ）返したり、すり上げたりしていくのです。これは指導者としてとくに大事な要件ではないかと考えます。

結果的に迎え突くような形となるのは、相手につけ込みもしているけれども、同時に脳天をも割られているわけです。中心につけているから一本にはならないという説明はつくかも知れませんが、これが真剣ならば、相討ちで共倒れではないかという気がします。そもそも真剣において、こちらがいかにピタリと中心を外さず構えていても、相手が面に斬りかかってきた時には、剣先を喉につければ事足れりということなどあり得なかったはずです。相手の中心につけた突きは決して、その見返りとして自己の脳天を打突させてはならないのではないでしょうか。

中心を外さないということは、業前においてのことであって、「迎え突きをするぞ！」という気迫を持って相手に打って来させないのならばいい。しかしながら相手の火の粉が振りかかってくるのを、振りかかったままにしておくのには疑問が残ります。相手のいったん放った技、たとえば面ならば加速して相当な勢いで迫ってきます。それに対して、迎え突きでは不十分ではないかと思います。私にはそれはあたかも居付いた結果に思えてなりません。

果たして何故、そこで応じ技をつかわないのでしょうか。そこにはおそらく指導者の誤解があるからではないかと考えます。すなわち応じ技は相手が打ってくるのを待ってから放つ消極的な後手、後手の技であり、相手に与える衝撃も軽いと、勘違いしているのです。しかしながら、それは業前のことを全く理解していない証左であるとも言えます。

ただ単に眼に映る現象面のみを見て、応じ技というのは消極的であると捉えてしまっているのです。が、心をもって心を打つという剣道の大きな特性からすると、自らの攻め（業前）によって相手の気を動かし、引き出させて迎え撃つわけですから、その本質は非常に積極的であると言えるのではないでしょうか。そこに剣道本来の気を練る、心を練る修錬も存在する訳です。

戦いの中においては、お互いがしっかり気を張った状態で正対している場合には、先に出ていった方が負けです。いわゆるそれは自殺行為に等しいものです。しかしながら現在の竹刀剣道では剣先が効いているのに跳び込んでいっても死にはしないという安心感があるので、それを無視してしまっているのです。

すなわちいかに業前によって相手を動揺させ、不十分な状態のままで先に事を起こさせるか。これが剣道の相手を制するための第一の手順です。

そしてその起こり（兆し）を機微の間に認め、心が技に変化しようとするところの機先を制して打つ。これが〝先々の先〟であり、出頭を捉えるということです。応じの場合は、同様に攻め勝ち、相手を誘い出して打つ〝先前の先〟。相手の先が功を奏せざる前に先をとって勝ちを制するのです。ところがほとんどの人が、この応じを〝後の先〟としてだけ捉えてしまっているのです。

ちなみに〝後の先〟の分野に入るのが、切り落しではないかと思います。また別の観点から考察すると、出頭と応じの分野を一挙両得にやり遂げたものではないでしょうか。（『剣道』高野佐三郎著による）

私が過去に稽古をお願いした先生の中で、この切り落しをつかわれたのは、故小野十生先生（範士九段）でした。完璧に「いった！」と思った面が、寸前で切り落とされて、逆に面を打たれてしまうのです。その時の面に味わった感触は今もって忘れることはできません。

私の学生時代、小野先生は毎朝5時半からの朝稽古に、5時前には必ず来られて、一刀流の組太刀をされていました。この形の原理を見事に防具稽古の中に取り入れておられたわけです。相手の打ち込み来たる太刀を、まさに火焔車のようにより威力のある回転によって切り落す。しかも〝後の先〟のようでありながら、瞬時にして〝先前の先〟に変化するわけです。剣道の中で最も合理的であり、かつ最も難易度の高い技と言えるでしょう。

本題に戻りましょう。

先に述べたように、スピードと体力に頼った剣道が主流となりつつある昨今、剣道も他のスポーツと同様の傾向を示すようになりました。すなわち次第次第に短命となりつつあるのです。また稽古、試合にドラマが感じられなくなった。その原因の一つとして考えられるのが、応じ技の評価を低く見積もっているのではないかということが挙げられます。

スピードと体力と勘に頼った時代からやがて充実期が訪れ、さらに心を練り、より完成度を増していくであろう過程において、今、充実期にさしかかった時点でもう既に引退を考えている。飛び込んでいく、仕かけていくという剣道が限界を越えて通じなくなった時、その後、どのように進化していくか。

本来、その時点で気がつくということからして、やや遅きに失するという感がありますが（その意味で指導者の責任は重大）、冒頭で述べた「打ってよし、返してよし」、この言葉に〝不老の剣〟に通じる秘密が隠されているのです。

すなわち本を正せば、原点である刀（真剣）による発想がないことが、現代剣道の寿命を短くし、また数々のドラマが生まれない最大の要因ではないかと思います。その刀の発想の中に、〝応じの妙〟も秘められているのです。いわゆる刃筋というもののイメージです。そこから出発して取り組んでいると、本当の意味での剣道の奥深さ、味わいというものを改めて認識するはずです。

ところが現代の竹刀剣道は、この純粋なる原点を飛び越えてしまっていて、単なる叩き合いに終始している。だから応じ技が過小評価を受けてしまっているのも致し方ないのかも知れません。

応じというとまず受けてから……という感覚が我々の常識となってはいないでしょうか。すると身体の方も当然のごとくそれに反応します。それをして応じとは言いません。本当に単なる受けとしかならないのです。応じは相手の竹刀が宙を舞い、こちらに襲いかかってきてからでは遅いのです。後に詳しく述べますが、その時点では打突の機会はもう失われてしまっています。

応じの本質を知る

応じるということは、イコール捌くということです。ちなみに捌くは裁判官が判決を下して善い悪いを決める〝裁く〟と同源です。すなわち剣道に置き換えてみると、理非の判断、たとえば打つ機会であったか、そうではなかったかを、裁（捌）きによって委ねるということでしょうか。その意味においても、応じの正しい認識というのは、とくに指導者にとって必要欠くべからざるものであると思います。

『幼少年剣道指導者要領』の第8章「対人的技能（応じていく技）」には、第一節〈すり上げ技〉、第二節〈返し技〉、第三節〈打ち落し技〉、第四節〈抜き技〉、そして第五節に〈応じ技〉とあります。ここで疑問に思うのは、応じ技の範疇に第一節の〈すり上げ技〉から第四節の〈抜き技〉を挙げ、その他にまた〈応じ技〉という項があることです。

参考までに、この項の説明を抜粋してみましょう。

『『応じ技』とは、相手が攻め込んできた竹刀の左側または右側で迎えるようにして応じ、素早く打ち込む技である。『応じ面』『応じ小手』『応じ胴』『応じ突』などがある」

これのみの説明しかなされておらず、実際の方法としての写真は掲載されてはいません。すなわち明確さにやや欠けるのではないかという気がします。

そこでこの説明を読んで、単純にその形を想像してみると、一旦、ガチッと頭上で受け止め、二の太刀が来る前に打ち返す最も原始的な方法ではないかと思います。いわゆる両刃の剣を振り回して戦うギリシア神話に登場するヘラクレスの時代の戦闘を彷彿とさせます。ちなみにそれは受け止めても折れないように軟鉄で作られています。

しかしながら日本刀（真剣）には、諸々の「拵え」のひとつひとつが美的感覚を備え、かつその繊細さがさまざまな味のある技を生み出していったと言っても過言ではないでしょう。とくに応じ技に与えた影響は大きいと言えます。

すなわち真剣の鎬、あるいは鎬地の部分が応じ技を生み出していった原点なのです。原点に立ち返って真剣に取り組んでいけば、応じの本質は容易につかめるのです。そしてその本質をきっちりと捉えた上で修錬していけば、煩雑な説明は却って不要であり、迷いを生むだけではないかと考えます。

もちろん竹独特の個性、いわゆる〝しなり〟、〝弾《はじ》き〟はありますが、竹刀の「打つ」「叩く」という話になってしまうと、何ら深みのある発想が生まれてこない。本質を知らずして取り組んでいるから、誤魔化しの説明が必要になるのです。すると、たとえばすり上げなども、横に払った方がやり易いという妥協を許してしまい、払いと、すり上げが混同され、低次元のところに溜ってしまう。そういう面での取り組み方が、現代剣道ではやや疎かになってしまってはいないかという気がします。だからかも知れませんが、剣道そのものに気品が感じられないのです。

先般の東京剣道祭（平成2年4月1日）においても、竹刀を真剣としてイメージし、まさに「斬る」という発想から立会われている高段者の先生方はほんの僅かしかなかったように感じたのは寂しい限りです。

竹刀剣道から取り組み始めた人は、あらゆる面で発想が浅く、深く大きく広がっていかないのです。その意味では不幸とも言えるでしょう。が、現実はそれが主流なのです。業前なくしてただ単に相手の隙を狙って跳び込んでいって叩く。そして当たらなければ、相手の懐にそのままもぐり込んで打たれまいとする。いわゆるお互いが一人相撲をとっているわけで、さらにその後は鍔ぜり合いへと移行する。その鍔ぜり合いにしてもしかりで、真剣の感覚を持って取り組むならば、本来、それはあり得ないもので、なった瞬間には技を出してなくてはならないはずです。すると今度は、足捌き、体捌きという問題が生じてくる……。

このように原点から出発すると、次々に現代剣道における矛盾に気づき、同時にまた無限に正しい剣道への発想が広がってくるのです。

一人相撲と言ったのは、結局、勝負にあまりにも固執してしまったことによる弊害でしょう。相手と自分が互いに相和して取り組むということが、剣道の稽古において最も大切なことであると考えますが、「勝負の世界でそんなことを言ったら笑われるよ」と言われるのがおそらく落ちであると思います。

応じるはすなわち捌くの意味

「応じる」ということはイコール「捌き」であるということは既に述べた通りです。捌きには、足捌き、体捌き、刀捌きがあり、これら三要素が複合して初めて応じ技は完全な形として成功するのです。そこでまず、足捌き、体捌きについてから考察していきたいと思います。

応じの妙を言葉でイメージするには、〝スルスル〟という表現が適切ではないかと思います。いわゆる応じを成功させるための第一番目の業前の手順です。

〝スルスル〟とはものが滑らかにすべる様、また滞りなくすみやかに移動する様をさして言いますが、これに濁点のついた〝ズルズル〟は、いわゆる物が引きずられたりする様、しまりのない様を言います。現代剣道もどうやら、これに似た現状となっているのではないでしょうか。

足捌きには、送り足、継ぎ足、歩み足、開き足がありますが、本来この〝スルスル〟は送り足ではできません。歩み足の〝スルスル〟です。ところが現代剣道は、床板上の剣道です。そのため送り足と継ぎ足が主流となっています。送り足と継ぎ足の良いところは立て続けに打ち易いということでしょう。

しかしながら送り足は地ベタではできない（足）捌きです。地ベタは整地されていません。草や石ころ、切り株だってあります。するとそこでは自然に歩み足の運用が要求されます。すなわち原点に帰ったところの天地自然が教えてくれた捌きなのです。開き足しかりです。

能における足捌きがお手本となるでしょう。

右に開く時は右足前、左に開く時には左足前。これは形でも教えています。ところが裏からの面すり上げ面などは、そのほとんどが右足前で打たせている。おそらく剣道の右足前の構えが、捌きにおいても知らず知らずのうちにそうさせていることに何の違和感も抱かせなくしてしまったのでしょう。また、それは後に述べる刃筋を全く無視した打ち方にもなるのです。自らの裏鎬に乗せて打つのですから、当然、左足前に捌かなければなりません。小手応じ返し面、いわゆる自らの表鎬に乗せて返す面も、手首を柔らかく使って相手の刀の反対側（左）に返すわけですから左足前が原則です。

形の四本目にも、「……打太刀は機を見て刃先を少し仕太刀の左に向け（左足もともなって）進めると同時に諸手で仕太刀の右肺を突く。仕太刀は左足を前に右足をその後ろに移すと同時に大きく巻き返して打太刀の正面を打つ」とあります。現在では「巻き技」という言葉さえ使われてません。

礼儀作法などは、基本的には「左座右起」といって左足から座り、右足から立ち上がりますが、右に急ぎ立つ時には右足から、左に急ぎ立つ時は左足からです。また居合においても、自分の右側の敵に対しては、右足から踏み出し、左側の敵に対しては、左足から踏み出します。

しかしながら現代剣道は床の目に平行な直線的な前進後退でしかない。また捌いたとしても右の開きだけの右半身が主体の稽古なのです。すなわち現代剣道は一対一でしかあり得ない剣道なのです。だからたとえば相手が子供でも二人同時にかかってこられると、この捌きを心得ていない人は形なしです。

その意味で、一度に何人もの敵を相手にする真剣を持った時代の剣士というのは気配り、目配りなど、相当なものであったと考えられます。そもそも真剣さの研ぎ澄まし方からして違ったわけです。危機一髪の時に、瞬時の判断により臨機応変いかに対処するか。が、それには同時に弛《ゆる》み（裕《ゆと》り）もなければならない。この弛みと緊《しま》りの加減が難しいのです。

先に相和する稽古と言いましたが、それが捌きや弛みと緊りの加減を教えてくれます。現代剣道の特徴は既に述べた通りです。直線的で左右の開きがないので、攻防が寸断され、そこからさらに技が展開しない。肝心なところで心が引っ掛かってしまうのです。

そこでそのこだわりを解消させてくれるのが中間で次から次に淀みなく打ち、打たせる相和する稽古です。初めのうちは相手の順番を一瞬待ってしまい、打たせなければ打てないものです。祇園の暴れ太鼓のごとく次々にバチが繰り出されるようなわけにはいかない。太鼓もバチの当りようですが、この稽古でも同様のことが言えるでしょう。稽古で引っ掛かったところは、地稽古においても、また試合においても自分の欠点、弱点となっています。こだわりのない子供の頃からこれをやらせると、非常に効果があると思います。

ところで素朴な疑問なのですが、剣道は一体、どうして四角いコートの中で行なわれるようになったのでしょうか。ある意味では、板の目に平行な直線的な剣道が主流になっているのは、そのせいかも知れません。とすると大型選手が有利であるということもなんとなくうなずけます。相撲の土俵は丸い円です。あの円の中で行なう発想というのは素晴しいと思います。その意味で、剣道も丸いコートにすれば、左右の捌きも自然に培われてくるかも知れません。野外での戦いは天地自然の教えに目覚め、宇宙も地球も点の原点は拡大すれば、全て円であったわけです。

我々、人間というのは常に身心ともに絶好調を維持できるものではありません。いわゆるバイオリズムと言われるものがあり、それによって、勝敗や得点を競うスポーツ競技においては、順位にも変動が生じてきます。しかしながら武道においては、自分の都合の悪い時、たとえば体調がすぐれない時や故障してしまった時に、いかに持てる力を発揮するか。これがまさに戦いの原点であり、そこでその人の完成度、熟練度が試されるわけです。調子の良い時にベストの成績を残すのは当然です。

その意味で応じというのは、必要以上の力は要らないわけです。相手が100の力を持って向ってきたら、その100の力をすべて吸収してしまって、こちらの力に変えてから、相手に120％返上する。すなわち相手に力があればある程、踏鞴《たたら》を踏ませることができるのです。

たとえば〝すり上げ〟の場合、すり上げるという自らの働きかけばかりが強調されますが、刀捌きによって生じる〝すり落し〟という相手の現象面はほとんど忘れられてしまっています。鎬や棟による相手の向ってくる刃に対するすり上げの角度や方向、さらに体、足捌きの連動によって、100％吸収させることができれば相手の刀はストーンとすり落ちていき、床まで斬りつけていってしまうのです。これは重要なことは「開き足」を併用することです。

相手の正中線を貫いてくる刃先の方向をいかに逸らすか。真剣では、その刀の厚み、鎬の角度を有効に働かせて相手の攻撃をかわし、瞬時に反撃したわけです。竹刀であれば、その厚みは約3cm～4cmもあります。あとは先に述べた足、体捌き（開き）が加われば応じは完璧なのです。ところが、棟や鎬ではなく、刃の方向ですり上げたり、体捌きなく居ついた状態で本来の合理性を無視して応じようとするので相手の刀を手元に吸い込んでしまい、鍔元にくい込まれて不成功に終ってしまうのです。だからまず相手の中心を攻め、自分の中心をしっかり守るということを大事に取り組んでいく。応じの正しい認識はそこから得られるのです。

指導書には、すり上げは大きな円を描くようにすると効果的であると説明しています。確かに初心の段階であるならば、それも致し方ないことでしょう。しかし円は、先に述べたことと逆の理論を展開すると、次第次第に縮小されれば、最終的には点になります。すなわち上達とともに、その円を縮小していき、最終的には一点で瞬時にすり上げていく。そこに鎬の働きが大きな意味を持ってくるのです。

本来、剣道には曲線の刀の軌道の技というのは存在しないはずです。すべて直線です。それは「斬る」ということを考えれば明確であると思います。鎬を遣って、瞬時に刺すようにすり上げていく。それに体、足捌きが連動すれば、無理に円を描かなくとも、相手の刀は必然的にすり落ちていくものです。

このことを確認した上で、できるだけ自分に遠いところに裕りのバリアを張る。すなわち再び業前の話に逆戻りしますが、それこそが応じの原点なのです。すべて前で処理をする。そこには主体、すなわち心に裕りがなければなりません。

ところが面応じ返し胴などにしても、そのほとんどが自分の頭上で待って受けている。相手の打突を自らのバリア内に深く吸い入れてしまって、処理しようとしているのです。後の先では応じは遅い。だから審判に誤解されて、面を採られたりするのです。試合などでひんぱんに見られる小手すり上げ面などにしてもしかりです。そのほとんどが鍔元近くにまで吸い込んでしまっている。これでは相手の100の力をそっくりそのまま返上することはできません。今まさに相手が打とうとする瞬間にはすり込んでいっていなければ、時既に遅しの状態です。その意味でとくにすり上げなどは、先々の先の出端技により近い精神状態での技と言うことになるかも知れません。

しかしながら名人になると、このバリアを三段階くらい備えています。業前に裕りがあるので、先々の先、先前の先をきっちりと使い分けているのです。範士九段阿部三郎先生がそうでした。相手の起こりを捉える柔かさがあり、相手がそれを突き破って起こりを捉えるのが遅れたらすり上げる、さらにそれをも乗り越えてきたらいよいよ（応じ）返す。先生のそのバリアの深さ、前捌きは見事でした。まさに「打ってよし、返してよし」を言葉通りに実践されていたのです。だから淀みがない。まさに流れるような優雅な遣いっぷりの稽古です。このことはまるで相撲の説明に聞こえないでもない内容のようです。

もちろんそれは一朝一夕に成しえるものではありません。その境地までいくには、呼吸から始まる気の鍛錬や相当な足腰の鍛錬をも要求されます。それに剣道の本物の理を知ることによって、味わいのある剣道に進化していく姿が、剣道家としての理想像ではないかと思います。

現在の稽古は子供は子供だけ、学生は学生だけ、社会人は社会人だけ、あるいは警察官は警察官だけ……、というほとんどの場合、その分野の枠の中だけでしか稽古相手を求めていっていない傾向にあります。

私は学生時代の頃から父、武雄に「子供の天才に学べ！」とよく言われたものですが、そういう発想が出てこない。子供や女性と稽古をして、相手を引き立てながらいかに舞うかのごとく相和して稽古をするか。それが応じや捌きに結びつくのです。ところが常に力量の同程度の者同士が稽古することはもちろんメリットの部分も大きいのですが、デメリットになる場合もあるのです。お互いが組太刀を考案したりして大技による体練にも心懸けるべきでしょう。

結局、現代の中・高校、あるいは大学の受験に象徴されるように、入試に必要な課目のみしかやらない。いわゆるビタミンCやミネラル、カルシウム的な不足は無視して、特効薬しか服用しないのと同様です。だから味わいがない。バランスに欠けてしまう。そのことが剣道における応じ技の研究においても同様に言えるのではないでしょうか。

第九章　有効打突の研究

今回は我々剣道家の永遠のテーマである剣道試合・審判規則の第十七条「有効打突」について、私見を交えながら考察してみたいと思います。

まず、本題に入る前に、現在の試合規則に示されている有効打突の定義を次に抜粋しておきましょう。

『有効打突は充実した気勢、適法な姿勢をもって、竹刀の打突部で打突部位を刃筋正しく打突し、残心あるものとする』

剣道のみが宿す不思議な側面

さて、そもそもこの剣道における有効打突というのは、一体、誰が決めるものなのでしょうか。素朴な疑問ですが、不意にこのような質問を受けてしまうと、「?」と首をかしげてしまう人が意外に多いのではないでしょうか。

その答を腰を据えてよくよく考えてみると、果たして打たれた側の人が決めた(認めた)のではないか。言い換えるならば、打たれた本人が「まいった!」と相手の打突を認めたことによって成立したものだと思います。すなわちそこには意思の疎通が成されている。だから相手に与えた打突の衝撃が第三者にはやや軽いと見えても、正中線を攻められ、中心を破られ、心を見事に打たれたと自覚したならば、素直に「まいった!」と言い、打った方は「いや、いや、おそまつさまでした」と、その一本におごることなく、謙虚に言葉を返したのではないか……。そういった状況が剣道本来の勝負のあり方ではなかったかと考えます。原点を振り返り、真剣勝負の時代ならば、心を破られたならば、刀を引いて一目散に逃げ去ったことでしょう。それで勝負はついたのです。

お互いの心を読み、剣道の深みを学ぶという意味での見取り稽古はあっても、そもそも稽古において、それぞれの打突を認め合うのは、その稽古を行なっている本人同士です。すなわち剣道は興行的に人に見せるものではなかったということが言えるのではないかと思います。

ところが競技化してそれを審判という第三者が決めるようになったので、非常に混乱を招いているのです。

剣道とは不思議なもので、ただ単に相手に当れば一本というわけにはいきません。自らの心をもって相手の心を打つのが剣道ならば、相手の心に響かない打ちは、有効、いや真の打突とはならないはずです。

ここに打つべき機会という問題が生じてきます。試合において、その機会でないところに、いくら打突を繰り出し、たとえそれが確かに当ってはいても、一本にならないというケースはままあります。いわゆる無駄打ちと称されるもので、これを打たれた本人はもちろんのこと、第三者（審判）も認めないのが、剣道の不思議なところであり、同時に味わいのあるところでもあります。でなければ昇段審査に於いて世界や全日本の覇者が不合格になる訳がないのです。そこに術のみならず、芸道や文化も存在している証拠があると私は考えています。

そのことを十二分に把握した上で、冒頭に掲げた有効打突の定義を改めて読み返してみると、剣道の原点を振り返れば、そもそもの判定基準というのは、打たれた本人が認めたことによって、是か否か、決定されたものであるのに、そのことが明示されていないのです。そこのところが最も肝心な部分であると思うのですが……。

いわゆるこの定義というのは、人間が人形に対して打ち込んでいる様を言っているのではないかという錯覚さえ起こしてしまうのです。

ある意味では、そのために気・剣・体のうちで最も重要なお互いの心と心が戦い合うという「気を練る」という内容の稽古がなくなりつつあるのではないかという気がします。これはやはり剣道の競技化によるところから生じた弊害の一つと考えられます。第三者が判定するようになったのも、それによるところの影響と言えるでしょう。その意味で指導者の責任というのは非常に大きいと言えます。

現在の稽古法を顧みると、稽古というよりもむしろ訓練というか、トレーニング風というようなものに終始している状況が多いようです。もちろん数をかけるということも大切ですが、そこには二通りの道がある。剣道における稽古というのは、地稽古はもちろんのこと、懸かり稽古でも、基本打ちの稽古でも、さらには切り返しでも、相手と心の通じ合った上での自己の鍛練、すなわち打たせてもらう、打ってもらうという謙虚さの上に成り立った両者が学び合うものです。一方、トレーニングというのは、まさに自己の基礎鍛練といえるでしょう。

すなわち、考える裕りさえも与えないで、指導者がただ単に太鼓を打って、訓練を強要しているだけでは、教え子の心は育たないということです。結局、手作りがない。その人間同士のふれ合いによって心を育てるということが剣道のみが持つ稽古の味であり、最も大事なことであるはずです。が、指導者自らが練っていないのです。「気を練る」という稽古は指導者自身にも非常に辛いものなのです。たとえば学生を懸かり稽古で鍛える時など、実は、鍛えられる側より、鍛える側の方が精神的にも肉体的にもきついはずなのです。相手をあしらうような楽な稽古では「気を練る」ことや「体を練る」ことは不可能です。

この「気を練る」すなわち「心を練る」という分野が打突の好機を教えてくれ、ひいてはそれが有効打突の本質に結びついていくのではないでしょうか。その意味で打つべき機会でないところを打っていくのは、心の作用がほとんど含まれていないところということができるでしょう。タイミング重視の運動神経のみの稽古なのです。

相手とこちらの気が戦って、練り合ったあげく、その心の戦いに敗れた方が動く。そこを制する。だから相手が攻め負けて、後退に後退を重ね、「まいりました」と言えば、打つ必要はないわけです。相手が打ちたい気を抑えられず、無理をしようとするから、あるいは居ついたりするので打つ。すなわち故・鈴木幾雄先生が言われた「動かして而して事に先んぜず。即ち従う。技を出すまでが剣道である。技を出した後、これは運動になる」ということではないでしょうか。吉川英治著『宮本武蔵』には、「外敵はこれを粉砕するも易し、心の敵は破るよしなし」と述べています。

鈴木先生のこの言葉から推察すれば、有効打突というのは運動的要素の部分であり、現在ではその要素の大部分をもって剣道であると認識してしまっているのではないかと考えられます。しかしながら現代剣道では、まず相手を打つことから取り組み始めるわけですから、打つという動作なくしては剣道の修錬は成りたたない。この相矛盾するところの説明をこそ明確にしなければならないと思います。

そもそも〝有効〟という言葉自体、一体どこから生まれてきたものなのでしょうか。〝有効〟の意味は「効きめがあること、役に立つこと」です。有効打突すなわち効きめのある打突。おそらく剣道の競技化によってスポーツの分野から取り入れられた表現方法ではないかと思いますが、それは〝一本〟として絶対的な表現ではないのではないかという気がします。許容範囲を設けている。だから、〝有効打突〟の定義の項に、「(1) 片手の打突、追い込まれての打突は特に確実でなければならない。(2) 鍔競り合いからの後の技は特に確実でなければならない」というあいまいな表現法を許しているのだと思います。いついかなる場合においても、有効打突の基準は変わってはならないと思うのです。

その意味で、本当にスポーツ的に行なうのであれば、実際に剣道に取り組んでいない人であろうとも、審判技術のみを磨き、訓練すれば、それができるものでなければならないのではないでしょうか。

しかしながら、先にも述べたように、本来、剣道というのは、第三者に審判を委ねて試合をするようなものではなかった。が、それが競技として試合をするようになったのだから、そこにさまざまな弊害が生じてきたのも、無理からぬことかも知れません。

要はどういう心で試合に臨み、どのような心境で審判に臨むか、です。ところが剣道の理念はあっても、試合は一体、何のために行なうのかという理念がない。稽古と試合は不即不離の関係でなければならないとよく言われますが、現実は単なる建前としかなっていないようです。

試合の目的とは一体何なのでしょうか。その答を尋ねてみると、他のスポーツ競技同様、明らかに〇〇大会で優勝すること、あるいは初戦を勝ち抜くこと、というのはもう決まり文句です。そしてそれによって指導者は勝てば満足感を得る。その意味においても剣道における試合の意義ということの明解な理念が今こそ必要とされるのではないでしょうか。古来、武士は戦の庭において、いついかなる時にあってもいかに正々堂々と戦い、正々堂々と勝ち、正々堂々と負けることこそ、武士道の真髄としたのです。

試合はこの正々堂々が本来のあり方ですが、高校生の大会会場などでよく耳にする指導者が選手にいう言葉は「まともにいくから負けるんだよ」という意味のことです。すなわちどんなに体勢を崩して打突しようとも、引っ掛けて打とうとも勝った者が立派で、正々堂々と戦いながらも敗れた者、あるいは選手にもなれない者はその存在さえも認められない。明らかにその正々堂々の精神を育てるという過程を無視し、勝負のみしか頭にないことの顕著な例ですが、剣道の状態に置き換えても、それは当てはまります。最も大事な業前を全く無視してしまって、当てることにのみ執着してしまっているのです。この実は当てることのみに執着すると、年齢的に元気盛りがそのピークであり、そして体力と共に剣道も終ってしまう危険が待ちかまえているのです。

竹刀の打突部で相手の打突部位を打つ。それには相手を形で幻惑させておいて打った方が当たる確率が高いと考えられており、いわゆる最も低次元のところに拘泥しているのです。果たしてこれで正々堂々の勝利と言えるのでしょうか。満足できるのでしょうか。私はこの正々堂々の心を養うという精神の育成から、おのずと試合における有効打突の真の定義も定まってくると思います。「浩然の気」を養わぬ指導は棒振りと言われても致し方のないことになるのではないでしょうか。

結果よりも過程を重視することにより、有効打突の本質に迫る

高野佐三郎先生の『剣道』に、撃つべき好機として、凡そ六つありとして、「第一、敵の實を避けて虚を撃つ可し。第二、起り頭又は懸り口を撃つべし。敵が何れかに目を附けて撃たんとする時は其の一方に心を奪はれて他は全く虚となるものなり。第三、狐疑心の動くを見ば撃つべし。第四、居附きたるを撃つべし。居附きて動かざるは疲れたるか、臆したるか狐疑心あるか、何れかに病あるものと知るべし。第五、急かせて撃つべし。第六、盡きたるを撃つべし」と述べられています。

この中の出頭の技、いわゆる先々の先の技は、斯道において最も重きを置くものと言われています。気・剣・体によるお互いの業前の攻防からこちらの攻めの効果により、相手のきざしを察知して打つ。すなわち最も安全で、かつ最も合理的な打突の好機であると思います。互いの気の練りから発する技なのです。

この出頭の技はよく軽くても採ると言われますが、私は軽くてもという表現方法は適切ではないと思います。見た目には軽く映っても威力がある。いわゆるボクシングでいうカウンターパンチは、相手が出てくるところに爆発したものです。それだけに一見、ジャブ程度にしか見えなかったものが、実際にはその威力は倍増して相手に及んでいる。

その意味で出頭というのは、見た目よりも衝撃が大きい。さらには相手に与える心の衝撃も大きい。裏を返せば、出頭は打突される人間にとって最大の盲点でもあるのです。何故ならば、人間は今、まさに打とうとする瞬間には、受けるという気持ちが全く消滅してしまっているからです。業前による気攻めによってやがてゆっくりとその瞬間を捉えることができるようになるのです。先に安全と言った所以はそこにあります。剣道においては、業前によって、そういう状況を敢えてつくり出すのです。そして相手に余裕がなくなり、苦しくなってこの状況を打開しようと、無理をするところの端を制する。すなわち業前の段階で九分九厘勝負の行方は決定しているのです。年齢的体力の衰えはこの気の練りによって昇華されて「不老の剣」へと進むものと信じます。

第三者が「よくああいう瞬間を抑えられるなあ」というのは、その形だけを見て言っているのであって、心（業前）が見えていないのです。反面、この業前によって第三者を魅了する剣道家が少ないことも事実です。剣道が芸道であるという所以はそこにあると思います。

結局、現代剣道は結果である有効打突にばかり関心がいってしまい、その前の最も大事な結果を導く手順を忘れてしまっているのではないでしょうか。まず手順をふんだ上での有効打突という結果が生じる、そういった剣道本来のあり方から、それについても考察していかなければならないと思います。

余談となりますが、私はこの業前をとくに上手の人が下手の人と稽古を行なう場合、ある意味では催眠術にかけるという言い方をしています。すなわちその結果として、こちらが打ちに行っているのではなくて、相手が打たれに来ている。言い換えれば、〝雉も鳴かずば打たれまい〟ということで、打つ稽古ではなく、打たれる稽古をしている。打たせ方ならいいのですが、本人は打ちにいっているつもりでも、実は打たれ方の稽古なのです。厳しい言い方かも知れませんが、これは事実です。

上手の人は業前によって攻め勝っているので、すべて相手の力が表面化される前に、きざしを察知して楽に処理してしまう。指導者が戒めなければならないのは、そこのところで、「名人のあとに名人なし」と言われるのは、その辺りにも理由があるのではないかという気がします。名人は業前を説明せず、また凡人はその最重要な業前の深さが理解できず、大半の人生が無駄に進行してしまっているのです。

しかしながら視点を変えて、現代剣道の状況を振り返ってみると、この打たれる為の稽古をしている人が意外に多いのではないでしょうか。すなわち無駄の多い、練りのない稽古です。先に「気を練る」と言いましたが、それに欠けた稽古内容なのです。

いわゆる相手の気攻めに対して、打突しようとするやり方なのです。この精神というか考え方が最も危険かつ墓穴を掘る為の稽古法とも言えるであろうと思います。気攻めにはあくまでも気攻めで対応しなければ、もはや修行という言葉は存在しなくなり、棒振り剣術と化してしまうでしょう。

相手の出頭を捉えるということが、その人が持って生まれた先天的な才能なのかどうかの判断はしかねますが、少なくとも勝負に弱いと言われる人は先のとれない人、とり方の分からない人でしょう。まずもってどのように自分の念力を相手にかけていくかということが分からないのだと思います。

またそれに付随して、いわゆる勝負勘のいい人というのは、間合のやりとりができるのです。言い方をかえると、間合によって相手と語れる人なのです。「一眼、二足、三胆、四力」とはよく言ったもので、自らの攻めがこれだけ効いていれば、相手が打ってきても、この間合までならば、寸前のところで見切れる〝自身の間合〟を持っています。同時に、ここから先は危険区域ということも承知している。もし仮りにその間合で怠慢（居ついてしまう）になると完全に打たれるという間合です。

攻めの分からない人には打てば届く距離にいるにはいるのですが、実際には届かないという理由が分からない。いわゆる単なる距離の間合ではなく、気の間合です。それによって攻め勝っていれば、次の瞬間、また次の瞬間……、相手がどこに移動するかという位置が読める。

ところが間合の分からないと言われる人は、相手が進撃してきているのに相手が元いた位置に打っていく。具体的に解説すれば、たとえば3mの距離に相対しているとすると、次の瞬間、相手が1m前に来たなら、あらかじめ2mの距離を狙って打つ。しかしながら間合の分からない人は相手が元いたところ、いわゆる3mの地点を狙って打っているのです。その瞬間には、もうそこには目標とする相手はいない。いわゆる既に移動した後の実体のないところをめがけて打ち込んでいるのです。だから遅れる。

出頭を捉えるのが上手いと言われる人は、すなわち攻めの強い人であり、同時に、一瞬、斜めに捌いたりして、平面的でなく、立体的に相手との間合を計っている。その攻めを自ら演出してつくっているのです。だからこそ出頭を捉えるのが上手いと言われるのです。業前あってこその出頭です。それは、打突の好機にすべて共通して言えることではないかと思います。気で捉える機会こそが究極の好機となるのです。

指導者が怠慢になってはいけないというのはそこのところで、懸かり稽古など、立ち止った人形の状態で打たせては、相手はもちろんのこと自らも全く稽古にはなりません。いわゆる本当の意味での有効打突の条件にかなう稽古の状態ではない。指導者自身が汗を流し、気を充実させ、いわゆる「浩然の気」の状態で前に出たところを打たせたり、退いたところを打たせたり、あるいは左右に捌いたところを打たせたりしなければならないと思います。これは先に述べた通りですが、引き立て稽古の大事さはそこにあります。

ところがその労力を惜しんでいるのです。だから勝負勘や運動神経のいい選手を捜すしかない。後天的に育てるという努力が欠けているのです。いわゆるそれが手作りと言われるものではないでしょうか。

自分に都合がいいからと言って、出頭、出頭を打って後進の芽をつぶしてはいないでしょうか。相手にとっては打たれた方の稽古なのですからね。その意味において無神経な出頭というのは、指導現場においては、そのことをよくよく認識しておかなければならないと思います。業前から発する打突の好機としては最も重要な要素ですが、指導上においては同時に芽をつむという危険性をも伴っているということです。もちろん迎え突きなど論外です。

真の打突の解明こそ急務

現在の規則によると、竹刀の打突部というのは鍔元から先の刃部全長の約3分の1の先端部なのです。それ以前は竹刀全長の約3分の1でした。また胴に関してはこの限りではなく、3分の1以上でも可としています。有効打突の要件には「竹刀の打突部で打突部位を刃筋正しく打突し……」とありますが、すなわち中結から先の部分でしか斬れないということです。本来、中結というのは、四つ割りの竹刀が必要以上に開かないよう、また先端が抜け出ないように結び締めたもので、竹刀の保護の役割だったものが、今では打突部の境界線を示す一つの目安とされています。

果たして刀においては、斬れる部分と斬れない部分の境界線が中結付近にあるでしょうか。少なくとも中結付近がその境界線ではないと、真剣からして思えるのですが……。身近なところでは、包丁をつかってみれば明解です。そしてそれはまた料理するものの上に刃を置いただけでは斬れません。前方に押すか、あるいは手前に引くかしてこそ斬れるのです。胴の場合は、いわゆる引き斬りであり、それのみ3分の1以上でもよしとし、面打ちの場合の押し斬りは、それは認められないということには疑問が残ります。

有効打突の定義には〝刃筋〟という表現を用いていますが、判定の状態を観察すると、これは胴打ちのみが考えられて、必要以上に厳しく判定されており、小手打ちなどは全くという程、刃筋などは対象とされず判定されている状況です。これなども、なんとなく付け焼き刃的にしか過ぎないような気がします。結局、斬るという感覚ではなく、叩くという感覚から生まれた規則ではないかと思います。そして胴の場合は、すれ違いざまであり、必要以上に間合が近くなるので3分の1以上でも止むを得ないとした処置なのではないでしょうか。

また応じ技などはとくに、そのほとんどが刃部中央より手前で打突しており、深い場合が多い。稽古で申し合わせていても、現在の打突部ではなかなかできないものです。少なくとも竹刀全長の3分の1ならば可能ですが、現在の打突部では、よほど飛び退るか、よほど開いて、距離の間合の帳尻を合わせなければ不可能に近いと思われます。これは遠間で技が出るようにするという配慮も含まれた規則なのでしょうが、それは稽古でのことであって、刀が斬れる部分とは別問題ではないかと思います。

また話の観点をかえてみますと、今回の京都大会の試合結果で気がついた方々もおられると思いますが、面打ち、小手打ち、胴打ち、突き技に対して、審判の有効打突の評価に差があるのです。いわゆる面や胴打ちに対しては比較的厳しく、少しでも体勢が崩れると無効ですが、それに比較して小手打ちに対しては非常に判定が甘いのです。体勢が少々、崩れる、いわゆるしゃがんで打ったり、腰が引けたりしても、刃筋におかまいなく、タイミング重視で有効にしていたことが非常に多く、将来の剣道を危うくしてしまうのではないかと危惧されるのです。面、小手、胴、突き、いずれも有効度では対等なのです。ただ稽古において面打ちは将来性として最重要な技であり、指導上、大切ではあります。

以上のように、この有効打突の本質をつきつめていこうとすると、問題はさまざまな面に派生していきます。しかしながら先に述べたように〝有効〟というあいまいな表現そのものが、競技化の方向に拍車をかけてはいないでしょうか。剣道本来のあり方からすれば、〝有効打突〟というよりも〝真の打突〟と表現した方が適切であり、気攻め＋《プラス》剣攻め＋《プラス》体攻めによって、相手の心と身体の崩れを打突すべく。その〝真の打突〟の解明によって、正しい剣道の方向性が定まり、本当の意味での普及発展に結びつくのではないかと考えます。

第十章　大道透長安（私の眼に映じた第38回京都大会）

剣道の試合なり、立会を拝見した時、第三者はそれを振り返ってさまざまな評価や、厳しい場合には批判を述べたりします。

ところがある一つの試合に対して、全く逆の評価を下して、それを主張し合う場合が往々にしてあります。そこにその人なりの剣道観、価値観というものが、明確に打ち出されています。

剣道の価値観

スポーツの場合は、競技能力を競うということを第一義に、すなわち何よりも勝利ということを目標にしており、価値観もほぼそこに集約されています。もちろん正々堂々という精神が根底に潜んでいることは言うまでもありません。これは非常に明快です。

一方、剣道の場合はどうでしょうか。試合という側面から考察すれば、類似する面もありますが、同時に敗れた者が勝った者より高い評価を受けたりする不可思議な要素をも多分に含んでいます。

たとえば、一方の選手が立て続けに有効打突を決めた。それは全く色もつけず、無駄をせず、グッと射程距離内に入り込んでドカンと打ったものである。その攻めの鋭さといい、激しさ、破壊力といい、どれをとっても素晴らしい。試合ならば、見事な勝利です。ところが、その試合に対して、心に残るものがないという人がいることも事実です。今回（平成2年5月、京都）の審査においても、有名選手がこの手の遣いっぷりで見事（?）に不合格になったのを数々拝見しました。

京都大会においては、範士の先生方以降は勝負をとらず、試合が立会という表現に変わります。それを裏づけるように、審判の「始め！」という開始の通告が、審判の「拝見」に変わります。これは果たして何を意味するのか。剣道の本当の価値観はここにこそ見出せるのではないでしょうか。

ところがそこに至っても、ただ単に審判が勝負の裁定をしなくなったというだけで、その内容はというと試合の時の状態とほとんど変わっていないのではないかという疑問を感じます。そこには勝負ということを超越した何かがあってしかるべきであると思うのですが、相変わらず勝負ということに拘泥してしまってはいないでしょうか。

この立会ということの意義が後進に示されてこそ、剣道における試合の意義も次第に浸透されてくるのではないかと思います。すなわち剣道とは競技における勝負を超越した真剣さにあり、その真剣なる奥に多大な価値を認めることができるのではないでしょうか。すると三本勝負とは、二本先に取ったならば勝ちといった合理的な思想ではなく、一本勝負を3回行なうという剣道本来の思想が伝わってくるのではないかと思います。

果たして京都大会の六段の試合から九段の先生方の立会までを、垂の名前を取り外して、全くの先入観なしに拝見してみるとどうでしょうか。この先入観が真の価値観を形成する上において、大きく立ちはだかっていることも事実であると思います。

佐藤卯吉先生は、その著書『剣道』において、

「剣道の価値は純粋に客観的なものではない。其の価値の発揮せらるるのは主観の如何にある。剣

道するもの即ち剣道家の人格並に研究的態度が剣道の価値を左右するに重大な関係がある。然るに現在の多くの剣道家たるや、時勢に反することを知らず、固き殻の中に籠って、他を見ず、古い伝統的な何等進歩のない剣道を固守して動かず、剣道は其れのみで絶対的価値があるものと自惚るる様の可笑しさよ。苟《いやしく》も人生社会を裨益《ひえき》しないものに何の価値があろうか。剣道家自身の利益ばかりを考え、自分の後や先きのみ顧みて道の大切なことを忘れて居る。従って相互に排斥し嫉妬し、唯々之れ自分のより良き物質的生活を営むための手段として、剣道を利用して居るのに過ぎない。剣道を毒するもの剣道家自身より甚しいものはない」

「主観的に見れば剣道に価値あるが故に之れを認めるのではなくて、剣道を修行する者が、其の価値を創造し行くを他の者が之れを承認しなければならないところに価値は存するのである。即ち剣道の価値は剣道を修むる人の如何によって現はれるものとも思われる」

〝その価値を創造し行く〟過程は、その人が生まれ育った環境や師の影響などによってさまざまであると思います。が、それをずーっと煎じ詰めていくと、ある一つの真理に到達すると思うのですが、途中で迷路に入り込んでしまい、迷い込んで行った先の虚構の部分を真理であると勘違いしている面があるように感じるのです。

言い換えれば、太陽を中心として、その万有引力を受けて運行している太陽系の中に、ある日突然、未知の惑星が迷い込んだような状態を創造するのです。大河であるアマゾンも大黄河もその源流をたどっていけば、たった一滴の水に始まったはずです。その一滴は流祖であり、流派へと派生したはずですが……。

果たして剣道の源流をたどっていくと、そこには一体、何が存在するのでしょうか。思いやりなのでしょうか、愛なのでしょうか。それとも悲しみ、はかなさなのでしょうか。

もしそうであるなら、立会の中にはそれらが感じとれるものがなければならないはずです。先に試合ならば、見事な勝利だが、それに対して何ら心に残るものがないと述べた理由はここにあります。

ただ単に運動能力的なものを誇示するだけの剣道では、動物的な闘争、争いというだけに終ってしまいがちです。琴線にふれるものがない。その一番陥り易いところの現状にありはしないでしょうか。

桜は日本人が最も好むと言われる花です。その花の開花の期間が殆どうらめしいほど短いだけに、盛りを見とどける前に花が散ってしまわないかという恐れをも同時に感じるということです。

この桜に、武士はよくたとえられたそうで、武士の理想は、老兵となってゆっくり消えていくのではなくて、その体力と美との最高潮点で劇的な死に方をすることだったと言われます。

年に一度の京都大会においても、この桜の花のような心境で臨んでしかるべきではないでしょうか。それによって京都大会の真の意義も見出せるのではないかという気がします。

京都大会の意義

さて、今次の京都大会（平成2年5月）でとくに痛感したことですが、それは剣道は段位、称号によって人格まで違うのかということです。

それを端的に示していたのは、教士八段以降の試合を含む立会の時には、役員席が一つの空席もない程、埋っていたのに対し、六、七段の時には、その席はほとんど空席といった状態なのです。とくに六段の試合はそれが顕著であり、戦っている本人達はむなしくやっているなと感じたものです。

「六段の試合なんて見る価値はない」というのが本音のようですが、剣道というのは果たしてそういうものなのかなと思います。少なくとも下の者ほど愛情があってしかるべきではないでしょうか。それが教育ではないかと思います。

教育とは学校教育という範疇だけではありません。剣道の理念には「剣道は剣の理法の修錬による人間形成の道である」と説いていますが、教育の真意もこの人間形成に通ずるすべての精神的影響をもって言います。この教育が剣道界には見られない。果たして京都大会は文武の武道しか行なわれていないのではないかという疑問が年々強くなってくるのです。厳しく言うならば、予定の時間内に終わることが成功だったという……。

剣道というのは、もともと人に見せるために行なうものではありませんが、現状のあり方は、まさしく試合の消化ということだけに終わってしまっているような気がします。

この京都大会が後進を育て、導いていく場であるということを一つの意義とするならば、非常に悲しき現実であると思います。そこには人間形成という言葉が入り込む余地は全くありません。結局、技術の紹介ということだけで終わっているような気がします。

その意味で、本来、この京都大会が剣道のメッカと言われるならば、高段者の先生方による文武の文の道であるべき講話の一つも企画されてもよいのではないでしょうか。我々はそれを大いに期待して馳せ参じているのです。立会を拝見して、その剣の奥に秘められた心を学べでは、その本物を感じとる感性を備えた人であるならばよいでしょうが、まだまだ未熟な我々にとっては、あまりにも不親切過ぎるのではないかという気がします。対立する価値観が生まれる要因はそこのところにもあるのではないでしょうか。

結城令聞先生による『剣道一如』に〝剣のこころ〟として次のようなことが述べられています。

「如何様なことでも、言葉で説明すると第二義的に堕する。それは言葉が、表現せんとするものそれ自体の全体を完全に表現し得ないという、いわば言葉の不完全さから来る。それ故に剣道の奥義書と称せられるものには、剣道の究竟のこころは、結局言葉によっては表現出来ぬから、修業によって自得体験せよという意味で、禅語を借りて不立文字、教外別伝、以心伝心などというように書いてある。だから剣のこころを究めるには、何といっても修業第一としなければならぬ。しかし正しい修行を正しく遂行するためには、絶対的に完全とはいえないまでも、兎に角言葉や文字に現された剣道の究竟のこころを指南とせねばならぬ。その関係は、あたかも目と足、あるいは騎手と騎馬との関係の如きものである。千里を走る馬でも若し良き騎手がこれを統御しなければ、走るには走ってもその目的とする所にはついに到達しないこととなってしまう。実行という事は大切なことであるが、実行に伴う、あるいは実行を指導するところの智性が欠けていたならば、騎手なき奔馬の如く、ついに目的を逸してしまわねばならぬ。しかもかかる過失は、実行を口にする人によく付随する幣である。古人はかかる人々を暗証の徒と称して戒めている。智性の眼と実行の足、この両者を修行するのをこそ真の修行ということが出来る。沢庵が『事理の二つは車の両輪のごとくなるべく候』と教えたのは、この智目と行足とを教えたのである。近頃剣道家の中では、技の理屈のことを理と解釈している人があるが、それはいわば広義の事に属すべきもので、ここにいう理ではない。宮本武蔵が、あるいは『空』といい、あるいは『迷の雲の晴れたる所』などと称している意味がここにいう理である」

この〝剣のこころ〟を養う場ということこそが、京都大会の意義であって欲しいものです。すなわち六段以降すべてを立会とし、勝負を採らなければよいのではないでしょうか。すると京都大会そのものの価値観が定まり、必然的に剣道の真の価値観も見出せるのではないかと思います。その意味で技とともに心をも養う長期的な展望に立った指針というのが感じられないのは残念です。

その後進に導く心の教えがないために、さまざまな価値観が渦巻いているのでしょう。たとえば昇段審査などにおいても、その価値観の多様化は、審査員にまで及び、審査員それぞれの価値観に任せて審査されているわけですから、受験者の方も大変です。一体、どの価値観をもって、普段の稽古に取り組んでいったらよいのか迷ってしまっているというのが現状ではないでしょうか。

が、今回の京都大会において、終日、立会を拝見すると、やはり当たらなければ話にならないということが剣道の絶対的な条件であることを感じました。ならば剣道はそういうものであると明言して欲しいのですが、そこのところをはっきり言わないというのか、はっきり言えないのか、曖昧にしてしまっているのです。

一九八九年十一月九日、東西ドイツを隔てる「ベルリンの壁」が崩壊し、民衆のそれまで抑えられていた欲求や自由への願望を固くガードしていた「心の壁」までも取り除かれることになりました。それまで悶々と閉じ込められた想いが一気に爆発したのです。この東西ドイツに代表される東ヨーロッパの状況は、長い間ロシアに抑圧されていた民衆が〝失われし時を求める〟現象だったということです。

この何百万という民衆が決起するという背景にはそれに至るまでのさまざまな出来事が長い伏線として存在していたのです。剣道家は果たして今、悶々としてはいないでしょうか。

以上のことから、これから述べる今次の立会に関することも、私の剣道観によるところの、とくに感動した立会であることを、まずお断りしておきたいと思います。

谷口安則範士八段
楢崎正彦範士八段

今大会において、私自身が最も関心を抱いていた組み合わせです。谷口先生の周囲に放射するほどの激しい気、一方、楢崎先生の丹田に収まった静なる気。この気と気のぶつかり合いから、どう展開していくか。非常に興味をもって拝見しました。

さて、立会は蹲踞から立ち上がると、同時に楢崎先生がグッグーッと攻め込まれました。そして気がつくと、もう中心線近くまで来ていた。これはここ数年の楢崎先生の立会には見られなかったところではないでしょうか。いつになく積極的でした。どちらかと言えば、先生は相手がどう攻めてきても、それを上回る攻めの重厚さで泰然自若として動ぜず、苦しまぎれに出てくれば突きに迎えて決して中心を許さない。そしてその間に少しずつ攻め込んでいく。そうして相手を封じ込めておいて、いよいよ最後に「楢崎の面」を出されるという展開でした。

ところが今回の立会でとくに感じたことは、気攻めを猛烈に放射されたということです。それは「静中の動」の代表的な気の表現ではなかったでしょうか。気がずーっと切れ間なく、しかも炎の如く燃えさかっているという状態です。

しかしながら先生の立会前後の姿、様子をジッとお窺いしていましたが、この立会とは対照的に、実に淡々とされていました。普通、立会前になると、肩を揺すったり、首を曲げたり、あるいはその緊張感から武者震いなどしたりするものですが、先生の素振りは、全く平生と変わらないものでした。相手は誰であっても同じ。が、ひと度、立会となるや「静中の動」が凛々と表現されている。一体、この気はどこに隠されていたのか。どこから沸き上がってくるのか。この辺が我々、常人とは違うところでしょう。

一方の谷口先生は楢崎先生の直線的な足運びに対して、左右の足捌きでこの気に応じられました。が、如何せん楢崎先生の気攻めが猛烈であり、ジリジリと後退を余儀なくされました。不動明王の如く威力のある剣道で、猛々しい性格を映し出す谷口先生に、私はかつてこのような場面を見たことはありません。

この楢崎先生の猛烈な気攻めを打破すべく、炎のごとく打突を繰り出されるかと思いましたが、この気を認め、敢えてその剛剣を抑えて戦った。これが自然のうちに〝阿吽《あうん》の呼吸〟になったのではないでしょうか。一方の楢崎先生にすれば、その剛剣を圧迫するほどの〝乗った気〟であったということだと思います。

結果的には決まったものはありませんでしたが、真剣勝負はさもありなんと思わせる立会であり、あっという間の2分間でした。

現代剣道の特徴には、相手の上から乗って打つ技が少ないことが挙げられます。今次の京都大会において、数多くの立会を拝見しても、相手の剣先の下から効かせて打つ打突が主流になりつつあるようです。心で攻め勝って相手の中心を打ち破ってというものとは違います。いわゆる動作によって相手を浮かせて（中心を外させて）打つという類のものです。剣道が競技化の様相を呈していることの一つの表れでありましょう。

その意味において、この両先生の立会からは、心の修行の大切さを改めて痛感させられるとともに、剣道かくあるべし。本物の剣道の姿を見た気がしました。

余談となりますが、蹲踞から立ち上がる寸前、谷口先生は構えをとき、一旦礼をされてから立ち上がりました。蹲踞には礼の要素が強く、かつてはそうされていたものだと思います。生死の挟間の極限まで武士としての礼を尽す。英雄の戦いぶりは後進に無言の教育となりました。

この立会の他に私の眼に映じた諸先生の修行の表現ぶりを列挙したいと思います。

浦本徹誠範士八段の大胆不敵な遣いっぷり

浦本先生の見事な遣いっぷりは今大会で最も私の眼を引きつけて離さないものでした。とくに攻めから打突に至るその機会の捉え方は見事でした。割れるような胴、割れるような小手……。すべて余裕をもって相手を引き出しての打突であり、またその振り幅の大きさ、打突後の残心、どれをとっても立派であったと感じます。私もこれまでにもう数えきれないほどの立会を拝見しましたが、これだけ完璧に遣われた立会というのはそう記憶にありません。この浦本先生の大胆不敵な遣いっぷりは、今大会において特筆に値すると思います。先生が熊本に帰られてから、いかに自身の為の修行に精進されたかを見事に表現された立会だったと感動しました。

岡田茂正範士八段の泰然自若の気位

岡田先生の剣道観の表現にも感動しました。泰然自若たる岡田先生の気位が相手の技に動ぜず、かつしっかりと中心を守り、万全を期しておいて最後に基本に忠実な小手—面を放たれました。打突後の残心の圧力も威風堂々としておられ、その剣風から改めて、岡田先生の人間的な器の大きさ、度量の大きさを感じました。

剣道というのは不思議なもので、やはりその人の剣道に対する考え方、人柄が端的に表われるものです。剣道が芸道であると思われる所以は、その心に宿すものが、真剣の場においては、第三者の眼にも心にも、そのありのままが映し出されるということなのでしょう。武道の真意を無言の中に表現してみせた立会だったと私は理解しています。

石原忠美範士八段の軽妙な足捌き

石原先生の軽妙な足捌きがとても印象に残った立会でした。その足捌きから二段に攻め込んでいって決めた面。その一撃が、この立会の大勢を決したように思います。石原先生の品格のある立会からは、非常に謙虚な姿勢で臨まれていることが窺えました。そうした心懸けが、前述のような無心の技を生んだのではないでしょうか。勝負師は勝負師でも真の勝負師であると感じました。

こうした立会をする先生に対して、より以上に強く見せようと高飛車にかかっていくと、逆に位を落としてしまうものです。

石原先生は、この立会後、見事九段に昇段されました。

市川彦太郎範士九段の稽古十分の本物の剣

市川先生は昨年新九段となられました。今次の立会においても、先生の稽古十分と思わせる歯切れのよい遣いっぷりが印象的でした。ある範士九段の長老先生が「今次の京都大会を見ると、ほとんどの者が普段、自分のための稽古、自らを高めようという稽古をしていないようだ。だから良い立会、感動的な立会が少なかった」と述べられていましたが、確かに向上心をもって、この一年間、稽古されたかどうかというのは本物の眼をもってすれば、すぐに分かるものです。要するに修行と言われる稽古をしている人です。

そういう人の稽古と現役をかろうじて保っている人の稽古、いわゆる位以下の稽古、あるいは今大会に向けてせいぜい調整したという程度の人の稽古というのは、一見、同じように見えても内容の深さが違います。それが本物の良さであり、その立会にはやはり普段の生き様がオーバーラップしてくるものであると感じました。

西　善延範士九段の衝撃の面打ち

市川先生同様、新九段となられた西先生の立会も、稽古十分を窺わせるものでした。とくに今大会で我々に最も衝撃を与えたのが、この立会における西先生の目一杯見切っての遠間からの面打ちではなかったでしょうか。

下からの強烈な攻めによって、中心をとっておいての満を持して放ったやや担ぎ気味の大技でした。その振り幅といい、右足の踏み込みといい、まさに大砲のごとく、大胆な面打ちでした。矢のように一直線に襲いかかっています。そしてまた強烈に左足を引きつけての打突後の体勢の立て直し……、西先生の背筋の強さを感じます。崩れませんでした。やはり市川先生同様、ご自分の稽古をされている証拠ではないでしょうか。特筆に値する一撃でした。私たち若者を奮い立たせずにはおかない感動の一撃でした。

大森玄伯範士九段の不動の位

広島県には中西康先生（範士八段）、熊本正先生（教士八段）、名越大賢先生（教士八段）ら錚々たる顔ぶれの先生方がおられますが、その屋台骨を背負って立っておられ、広島の剣の源流となっておられるのが大森先生です。今回の立会では、そのことを裏づけるかのごとく、不動の位、盤石の位で相手をジリジリと圧迫していかれ、ひと試合場向こうまで攻め込まれました。

剣道は、打っていく方が後退していくという不思議な現象面をも含んでいます。攻めと打ちを混同してはいけないと言われる所以はここにあります。大森先生の不動の遣いっぷりを目の当たりにし、位攻めの極意を見事に表現された剣道の奥深さの一端をそこに垣間見た気がしました。

神尾宗敬範士九段の崩れぬ中心、崩れぬ心

神尾先生の矍鑠《かくしゃく》とした本格的な剣道というのが光っていた立会ではなかったでしょうか。崩れぬ中心、崩れぬ心。先生の立会を拝見し、現代剣道から将来果たして先生のような人物が残るかどうか。試合の記憶は残りますが、人物が残るかどうか。目先の勝利にこだわる昨今の試合中心のあり方では、遠い将来に不安を覚えるのは私一人ではないでしょう。改めて指導者としての使命を痛感

した次第です。やはり熊本の尚武の国の源流としての存在感を見事に表現され、多くの方々に深い感銘を与えられました。

今次の立会全般を振り返ると、稽古十分の先生はやはり心あるいは気の錬りができています。その気が相手にサーッと持続されつつ放射される。その放射されている気が先に変わる。だから相手を自由自在に威圧できて、攻め込んでいってそのまま押し破ってもよし、瞬間に相手を見切ってもよし……なのです。それを気迫なしで技のみで無理に対抗しようとするので後手、後手に回るのを余儀なくされるのではないでしょうか。その意味で「有効打突」の要件に説く〝充実した気勢をもって〟という表現は、なるほどと確かにそうであると感じます。

もちろん先に述べたように持続した気勢であることは言うまでもありません。その持続した気勢をもって立会われた先生方には、やはり魅きつけられるものがありました。孫子の兵法『軍形篇』にある、「善戦者勝於易勝者也」（善く戦う者は勝ちやすきに勝つ者なり）を痛感しました。

◉

禅語に「大道透長安」（大道長安に透る）があります。最後に『禅語の味わい方』よりこの部分を抜粋して、冒頭で述べた剣道の価値観ということと照らし合わせてみたいと思います。

「ある僧が趙州禅師に問いました。

僧『如何なるか是れ道』（道とはいかなるものですか）

趙『墻外底《しょげてい》』（ああ道か、道なら垣根の外にもあるよ）

僧『恁麼《いんも》の道を問わず、如何なるか是れ大道』（いや、私はそんな垣根のそばにあるような小道ではなくて、天下の大道をお尋ねしているのです）

趙『大道長安に透る』（大道か、大道ならみな帝都長安に向かって通じているではないか）

趙州は言下に答えられました。

隋の文帝によって企画建設された長安（今の西安）は、歴史ここを都として繁栄し、唐の玄宗帝の時代にはその繁栄の極に達し、大運河や道路は長安を中心に文字どおり四方八方に開かれていました。まことに、垣根の外にあるような小道であろうが、国道であろうが、すべての道はみな帝都長安に通じていました。いわゆる『すべての道はローマに通ず』であります。

趙州はこの現状をもって答えられたのですが、じつは、この帝都というのは天子のいます所ということから、禅ではこれを、諸仏諸祖の腰の据え場、悟りの世界、本分の家郷にたとえているのです。したがって『大道長安に透る』とは、すべての道は悟りの世界に通じているという意味であります。すなわち、立てば立ったところ、座れば座ったところ、そこがみな悟りの世界に直結しているということ、見るもの聞くものすべてが本分の家郷へ通じているということです。

また、この語は、いろいろ進む道筋は違っても、その目的、到達する所は一つであるという意味にもとられます。

分け登る麓の道は多けれど

　同じ高嶺の月を見るかな」

現代剣道には果たして、その真理に通じる道があるのでしょうか。今次の京都大会を拝見して、まだその命脈がかすかに保たれているのを感じました。そのかすかな本物の灯を消さないよう我々後進は、それらの先生方の教えを受け継ぎしっかり守っていかなければならないと思います。

第十一章

点を線で突く〝突き技〟の極意

現代剣道の特徴を分析してみると、戦いの手順の中枢を司る正中線上の攻防、いわゆる心の戦いを省略してしまい、逆に敢えて中心を避けてというのでしょうか、本体の外側で華々しく打ち合いを演じていると感じるのは、私だけではないでしょう。

本体のない（中心を活用しない）スポーツ的な体の俊敏さをもってのみ、技を繰り出していくので、やがて体力の低下とともに、剣道も終わりという現実がそこには待ち構えている。この正中線上の攻防、すなわち中心を攻め、中心を守るということにこそ、実は不老の剣へと導いてくれる秘密が隠されているのです。

また、まさに生死をかけたこの正中線上の攻防があるからこそ、感動を生むのです。それを省略、無視してしまった剣道（？）には、その瞬間にだけ興奮が生じるのみで、全く感動も何も残らないものです。

要するに、技の組み立てにおいて、中心が存在しないのです。互いに中段に構え、その剣先の延長線を素直にたどっていくと、突きに至ります。すなわち左手元から相手の突きに至る点と点を結ぶ正中線における攻防、言い換えれば、お互いの中心を攻め、守り、許さず、尚かつそれを打ち破るべく立ち向うことが、剣道における心の勝敗を分かつ最重要点ではないかということです。真剣勝負ならば生死を分かつのです。とすると迂闊《うかつ》には打っていけないはずなのですが、この最重要課題となるべき過程がどこかに置き忘れ去られてしまっているのです。

その意味で剣道は中心の取り合いに始まり、取り合いに終わると言っても過言ではないでしょう。

その結果、中心からさまざまな技が派生していくのです。そして本物の専門家と言われる人達は、究極の業の収まり方の一つとしてその正中線上にある突き、すなわち突き技にも熱い思い入れをもって取り組んでいるのではないでしょうか。

突き技の功罪の〝罪〟

突きというのは、まずもって人間の最も恐れる最大の急所です。剣道をやっていて何が一番恐いか、あるいは殺気に感じるかというと突きを突かれるということです。とくに専門家の間では、突きを入れられたなら完璧に負けというほどに思い入れが強い。面を打たれることもそれに匹敵するでしょうが、一点を突かれることの衝撃の激しさ、心の落ち込みようは、やはり突きには及ばないのではないでしょうか。相手の心を粉砕する決定的な一本となり得るのです。

言い換えれば、そこを破られたということは、そのあと何本か打って、たとえ当っても当った気がしない、結果的に「あの一本に尽きた」と言われる所以でもあります。

体育学的、身体学的に言えば、次第次第に体力が低下し、自らの意志とは裏腹の傾向を示してくると、中心を守る術しかなくなるのです。そこで改めて中心を攻め、中心を守ることの大事さを認識するはずです。いや、現在の剣道の状況を振り返ると、身体が衰えて初めて知る人が大部分かも知れません。

するとそこで一つの功罪が生じてくるのです。いわゆる迎え突きと言われるものです。身体が動かなくなって、打てなくなったから必死に自分の中心だけを守る。自らの頭上は割られても、そこだけ守れば、「俺は負けていない」という誤解に発展し易いのです。それは攻防一致ではなく、攻撃と防御が完全に分離された状態であり、防御のみをもって不老の剣に結びついているとは言えません。

相手の機先を制するためや中心の崩れを悟らせるための指導的な攻めの突きであれば良いのですが、自らの修錬の不足はさて置いて、頭上を見事に打ち破られても、相手の胸辺りを突いていれば、中心は破られていない。故に面は一本ではなく、己れの迎え突きが勝ちだという考え方に陥り易いのです。もちろんその本人にしてみれば、防御一辺倒という自覚があろうはずはありません。それをもって「君、剣道がまだまだ甘いよ」などと言われると、確かにその通りでもあるのでしょうが、悦に入るようなことではないと思います。これでは突かれた方も納得できず、逆に疎外感を生み、人間関係を崩してしまうものです。

もし若者が懸ってきているのなら、迎え突きをして技を萎縮させることなく、伸び伸びと技を出させて、応じ返したり、すり上げたりすべきであると思います。それが真の指導者のあり方ではないでしょうか。その努力をしないで頑固に中心を守ることのみに終始してしまっているのです。

それをもって得意技と称するのかどうかは疑問ですが、迎え突きもその技（？）だけに頼って一心不乱に取り組むとやがて得意になるものです。しかしながら非常に陰湿な受けであることには間違いありません。

指導者はそこのところを十分に戒めなければならないと思います。またそういった修錬の停滞してしまった人をして剣道の専門家とは言わないものですが、本人もその大部分の周囲の人達も高段位であれば、専門家であると勘違いしてしまっているのです。だからそのような人に対しても、意識過剰となり、容易に迎え突かれてしまうのです。

迎え突きに打ち込んでいくので、迎え突かれるのであって、それをさせないような状態をつくって臨む。それが業前であり、本当の専門家と言われる所以の証明ではないでしょうか。打突の好機もそこにあるのです。

剣道が剣道たる所以で竹道ではないと言われるのは、いかにして正中線を司った剣道ができるかどうかです。それができるか否かが不老の剣に結びついていくかどうかの分かれ道なのです。またその正中線上においてこそ、相手に与える気当りも発露されてくるのです。しかしながら現在では、高段者の先生方の中にも中心の攻めが厳しくてどうしようもない、いわゆる気の表現のできる本当の意味での専門家が少なくなられました。非常に寂しい現実です。

気の修錬は現代の多忙なサラリーマン化した剣道界にはあまりに「深淵に臨むがごとし」で、辛く厳しい「克己心」との戦いであり、敬遠されてしまっているように映って仕方がありません。

突き技は、自らが相手の中心を破るべく、攻め込み、相手の中心が崩れたところ、あるいは一瞬の油断、すなわち居ついたところに突いたものは、突いた方も突かれた方も心地好いはずです。とくに突かれた方は、潔く「まいった！」という気持ちになるものではないでしょうか。

ところが明らかに迎え待っていてドーンと突いたものは、その衝撃に加えて、相手の心をも痛めてしまいます。感情を大いに刺激し、かつお互いが粗暴になりがちであり、ならば俺も迎え突いてやるとばかりに、必ず突き返してくるものです。

『碧巌録』に「一聲雷震清風起」（一声雷震《いっせいらいふる》って清風起《せいふうお》こる）という禅語があります。『禅語の味わい方』（淡交社）によると、

「すさまじい雷鳴をともなった夕立もやがておさまり、その後には、サーッと一陣の清風が吹き起こって、ムシ暑さも、ほこりっぽさも、いっぺんにぬぐわれ、万物がみな生き生きとよみがえったという、すがすがしい様子であります。

もちろん、そういう雷鳴一過の様子だけではありません。煩悩妄想を洗い流して、一点のけがれもなくなった、清涼そのものの悟りの境地を形容した語でもあるのです。この清涼さを私たちも味わってみなければなりませんが、なかなか容易なことではありません。

なぜならば、私たちの心の中に燃えさかっている煩悩妄想の火は、ちょっとやそっとのことでは消えおおせるものではないからです。それこそ、一声雷震うというような、ものすごい夕立にたたかれる必要があります。すなわち、熱喝嗔拳《ねつかつしんけん》の厳しい修行を重ねてこそ、はじめて清風起こるという境地に達することができるのです」

剣道における突きもこのようにありたいものです。

さて、少々くどいようですが、迎え突きに対しては、もう一つ付け加えておきたいことがあります。

それは、迎え突きはややもすると相手を死に至らしめる危険性を伴っているということです。何故ならば、たとえば身を捨てて面を打った相手が「決まった！」と思った瞬間、すなわち一瞬の安心感、気の緩みが生じたまま次の瞬間に突き上げるような形になるので、その衝撃というのは、計り知れない程大きいのです。剣道は打った瞬間が既に残心と言われるのは、こういった危険性をも同時に併せ持っているからなのでしょうか。しかしながらこれはそれ以前の問題であり、これによって死に到らしめた指導者の姿勢として納得のゆかない行為だと思います。

数十年前のバンカラな時代には、正座をさせておいて、目を閉じているところに腹を蹴り上げ、内臓破裂を起こして死に至らしめたという類の事件をしばしば耳にしたことがありますが、それなどは目を閉じているから全く油断しているわけです。そこに思わず蹴られるので、物凄い爆発力が起こって、加えた力よりも、それに対する蹴られた方の反発力で内蔵が破裂すると言われています。

軍隊などで「歯をくいしばれ！」と言って鉄拳をふるうシーンが、テレビドラマなどでも見られますが、それは相手に緊張状態をつくり出させ、身構えさせた上でのものなので、大事には至らないのです。

以上のように、突きというのは思い入れが強いだけに、逆にいろいろと利用され易いのです。

いわゆる両刃の剣のようなものであり、本当の意味においての厳しさを教えるような面と、一方では邪心を起こさせるような面の二面性を併せ持っているのです。それによって活人剣となるか、あるいは殺人剣に近いようなものになるか……。もちろん活人剣となるような突きでなければならないことは言うまでもありません。

正中線の探求が人間形成に通ずる

私が突きを出す場合は、相手が構えを崩して中心以外はどこも打つところがない時に突いていきます。どこも打つところがないというのは、攻め勝って面も小手も胴も防がれてしまった場合、すなわち裏を返せば、中心の崩れた人には突くということです。あるいは気力に欠けている者に対してです。

とくに指導者の突く突きというのは、後進に対して、中心が崩れていますよという警告の意味を含めたもの、あるいは気力が萎えてしまって「しっかり!」という激励の意味を含んだものでなければならないと思います。いわゆる相手を諭《さと》すようなもの、気持ちの張りを取り戻させるようなものでなければならないと思うのです。いわゆる心の隙を突くのです。

剣道において最も大事な正中線を基本に、それを確実に攻め、そして守っていこうとする人は、人間の弱さということを確認し、その原因をも解明できるのです。剣道が人間形成の道と言われるのは、この正中線の状態を言っているのではないかという気もします。

その正中線が強くなければなる程、剣道そのものも非常に洗練されて無駄がなくなってくる。いわゆる心、気が錬れてくるのです。同時にあらゆる技はそこから派生していくので、常に帰るべきところがある。いわば太陽系における太陽のような存在です。他の衛星はすべてその万有引力を受けて運行しているのです。ところが現在の剣道は、この中心となるべき太陽の存在なくして取り組んでいるのではないでしょうか。

では実際に剣道に取り組む上で、この太陽の役割を果たすのはどこかと考えてみると、左手の握りではないかと思います。ここが確実に締まって、据っていないと、非常に不安定な剣道になってしまうものです。すなわち左拳と脇の締まりと左足の膕《ひかがみ》の据った状態は自らの心をそのまま映し出す鏡であると言えるのではないでしょうか。

この左拳が動かされたということは、正中線を破られたということであると同時に、心の動揺、平常心ではない状態を映し出しているということでもあるのです。ということは、剣道はその時点でほぼ勝敗は決しているということではないでしょうか。

ところが現代剣道は、左拳をまず縦横無尽に動かすこと、すなわち正中線を否定することから始まっているのです。左拳は自らの心の状態を映し出すということなど全くお構いなしなのです。攻防が一致せず、全く分離されている要因は、ここにあると言っても過言ではないでしょう。結局、それは本体の存在しない、剣道という名を借りた全く別の競技ということが言えるかも知れません。そして品位のある背筋の伸びた万人が惚れ惚れする立ち姿とは縁遠くなってしまっているのです。

突き技の実際

ところで突き技に関しては、面、小手、胴に匹敵するような稽古の方法というのをあまり聞いたことはありません。果たしてそれは修錬を重ねるに従って、自然にできるようになるのでしょうか。私はそうは思いません。他のどの技よりも数をかけて稽古しなければならないと思います。

何故ならば、どの技よりも足腰がしっかり安定した状態でなければ、それは本物の技として生まれてこないからです。腰から出ていき、かつ左足の引きつけによる体重移動、これが伴なった状態でこそ、十分の突きが繰り出されるのです。踊り跳ねるような面に跳ぶことに慣れてしまっている人は、これがなかなかできないものです。日本剣道形においても、三本目が最も難しいと言われています。

気当りを伴い、尚かつ思い入れが強いだけに上体に必要以上の力が入ってしまうのです。その意味で一見、簡単そうに見えて、実は相当な修錬を積んでいなければ、出してはならない技ではないかと思います。

ところが昨今の学生の試合などでよく見かけるのは、一本先取され、もう時間がないからという時に、それ（とくに片手突き）を繰り出して、体勢を崩したところを逆に打たれたりするケースです。そういった場面を見るにつけ、どうして大事な試合で得意でもない突きを突くのかなと思うのです。墓穴を掘るとはまさにこの状態を指して言っているのではないかという気がします。その突き技に対して、相当な思い入れを持ち、面、小手、胴と同等以上に稽古を積んだものならば別ですが、そうではない。当然、面、小手、あるいは胴の方が自信の成せる得意技であるはずなのに敢えて突いて出るのです。

確かに突きは捨て身の技と言えますが、捨て身は十分な修錬を積んでいてこそ成せる業であって、捨て身と自殺行為とを混同してしまっているのです。一か八か、当たれば儲け物というのは本当の意味での捨て身ではありません。ただ単なる無謀という言葉で処理されてしまうでしょう。突くなら突くで、いかに自信をもって数をかけたかという裏づけがない限り、突けるものではないし、突いてはならないと思います。

たとえば静止している相手に対してでも、不意に「突きを突いてごらんなさい」と言われて、容易に突けないのが突きの突きたる所以であり、「打ってごらんなさい」と言われて、打てるのが面であり、小手であり、胴ではないでしょうか。それ程に突きの稽古というのは成されていないのです。

その意味において、突きは稽古十分、体調良好の状態が自覚されていない限りは突いてはならない技だと思います。

果たして、現在、自分が放った技に対して自分に納得のいく十分の技であったかどうかを反省しながら取り組んでいる人は少ないのではないでしょうか。すなわち調子が悪くても、当たれば良かったと満足し、調子が良くても当たらなければ、今日の稽古は良くなかったと短絡的に自己を採点する。これでは進歩はないと思います。果たして剣道とはそんなに単純なものなのでしょうか。

突きの突きたる所以も、そういった稽古十分に裏づけされたものでなければならないと思います。決して、身体が若い頃のように動かなくなったから中心を守るということにのみ偏ってはならない。いわばそれは片手落ちの剣道です。あくまでも中心を攻め、中心を守ってこそ、そこに剣道本来の意義も見出せるのではないでしょうか。

またそこには以前にも述べた「打って良し、返して良し」も、究極は「正中線」の攻防からのみ達成できるものと信じます。

先にも述べたように、突きは足腰の強い人でなければ突けるものではありません。ということは裏を返せば、突きの稽古に取り組めば足腰が強くなるということです。また突きを突こうとすれば、中心あるいは正中線の理論を抜きには通り過ぎていけないので、中段の構えを確立するという意味においても、もしかすると、技の稽古というのは突きから始まるのが理想と言えるかも知れません。突きの稽古に取り組めば、足腰が強くなり、構えも立派になる。本体が確立されるということですからね。

銃剣道などはまさにその典型ではないでしょうか。銃剣道の強い人というのは足腰が強いし、足腰が強くなければそれは上達しないという相互作用があります。ただ床板の上で行なう剣道には〝跳ぶ〟という要素が含まれており、それがまた主流を成しているのです。

そういうこともあって、稽古方法としては、とくに初心者の場合など生身の人間を突くということに対しては危険が伴ってきます。結果的にそういうことが配慮されて、突き技は最終段階の技であるという認識が定着したのではないでしょうか。だから稽古十分の人、あるいは熟練者の人でなければ突いてはならないと言われるのでしょう。打つという円運動が一点を突くところに収まるという点から考慮しても、なるほどと思われます。

突きを突くように平行移動して面を打ち、面を打つように平行移動して突きを突く。これが理想と考えます。

その意味で、足腰をつくる、構えをつくる、さらには正中線の大切さを知るという点から考慮すれば、突きは最も理想的な稽古の出発点であるということも言えるのです。この辺は痛し痒しの点ではないでしょうか。

結局、行きつくところは独り稽古ということでしょう。中心を攻め、中心を守るというのは、鏡に映った自分を相手に想定してこそ、そのイメージが湧き上ってくるものです。ところが現代剣道は競技化の傾向を強くし、打つ、当てるが主流となりつつある。それに伴って発想を貧困にさせてしまっているのです。そのうちに正中線という言葉さえも、死語になってしまうかも知れません。

ただ独り稽古において戒めなければならないのは、道場の壁板に向って突き破ってそれを破損させたり柱の角を突いて腕を上げたとの現在の突きの名手のコメントはいただけません。果たして壁板に向って面を打つなどということはあり得ません。それだけ突きというのは強い思い入れがあるのでしょう。純粋性を持ち併せていながら、同時に粗暴さをも秘めているのです。そのことが突いていいものと、そうでないものの選択を見失わせてしまっているのです。

先に両刃の剣と言いましたが、こういった面にもその特徴が表われています。ナイフを持つと、なんとなく机の角を削りたくなる衝動にかられてくるのと似ています。

槍の極意に「槍は突くものにあらずして、引くものなり」とありますが、剣道における突き技も同様のことが言えるのではないでしょうか。銃剣道においてもそうだと思います。結局、足腰です。その溜《ため》が大事なのです。

業前における溜と、術後の溜、とくに人は打つことのみに気持ちを入れ込みがちなので引くことにありは、この術後の引きつけや気魄の残心の溜こそ大切なのだとの教えと思います。

それは他の技においても共通して言えることですが、先にも述べた〝打った瞬間が残心〟ということであり、その引く瞬間、収める瞬間に衝撃が響いてくるのです。

ところがよく見かけるのは左足がついてこないで、上体が前のめりになった結果、剣先はほとんど左右どちらかに流れてしまっている場面です。思い入れが強い割には十分な稽古がなされていないので、上体のみの突きになってしまい、足腰がそれに伴っていかないのです。だからたまに当っても、その後、「ズルッ」と方向を変えてズレてしまう。これでは引くなんていう余裕は全くありません。

また、突きはとくに方向と間合が大事です。打つ、斬るの場合は、間合が少々深くても、浅くても、あるいは方向が多少ズレていても、機会が良ければ一本となるケースがあります。ところが突きの場合、その判断を少しでも間違うと一本とはなり得ません。果たして相手がどういう状態なのか、攻め負けて居ついたのか、受けに回ろうとするところなのか、あるいはこらえ切れず技を出そうとするところなのか、さらには中心を度外視して技を出そうとするところなのか。その時間と距離の間を読むというのが非常に大事です。いわゆる「それぞれの好機を知る」です。

だから機会よりも早目に突いていって機会が合わず手元が狂って竹刀放しをしたりする場合がありますが、それなどはやや深い間合であったり、〝先〟を逸してしまい、相手が踏み込んできた後であったりするからです。すなわち本来の予測よりも一瞬早く当たり、手の内を締めようと思う前に、こちらに跳ね返ってくる衝撃が想像以上にあるので落としてしまうのです。これとは逆の場合は、体勢を崩してしまったりする、いわゆる一人相撲を演じてしまうケースが、往々にしてあるのです。

これを克服するには、やはり業前を深くして、立体的に相手との間合を計り、手元の締めや左右への絞り込みなど、これこそ気と剣と体が一致してこそ一本となる技であると思います。言い換えるならば、気の高まりから相手の正中線を破り、機到来とみるや自然と突きに入る状態が最も理想的な打突といえるでしょう。

しかしながら、突きというのは、これまでに何度も繰り返し述べてきているように、その遣い方

昭和54年京都大会にて松川久二男範士対渡辺敏雄範士の立会（徳江正之写真集「剣道・伝説の京都大会（昭和）」より・体育とスポーツ出版社刊）

によっては人間関係をも壊してしまう危険性もあるので十分注意しなければなりません。が、その反面においては、お互いがけれん味なく突ける間柄でありたいとも思います。

ある時、大野操一郎先生に「『突き』についてどう思われますか」という質問をしたところ「私も若い頃、突きをよく稽古した。また試合でも幾度となく決めたことがある。しかし今、振り返ってみると、その突きにこだわったために、他の立派な技を犠牲にしてしまった気がする」と話されました。突きの名人にして言える言葉ではないでしょうか。

そして重ねて「教育者は決して相手＝弟子に対して迎え突きをして萎縮させてはならない」と常日頃から話されていますが、確かにそのような技を遣ったのを拝見したことはありません。これは父の教育理念とも合致する教えであり、このことからも私が先生を尊敬する所以であります。繰り返し述べてきましたが、突き技は功罪併せ持つだけに、正しい認識を持つこと。このことを我々は十分に肝に銘じて取り組まなければならないと思います。

第十二章　氣を錬る

「病は氣から」といわれるように、氣の持ちようというのは、自らの心の状態を大きく左右します。また「顔で笑って心で泣いて」とも言われるように、哀しみの状態の時にいくらとりつくろって笑顔でふるまってみても、それは作り笑いとしかならず、その人の本心というのは第三者にも敏感に氣を通して伝わってくるものです。

あるいは、最も分かり易い例を挙げれば、全く文明の光が当たらない闇夜の世界に一人ポツンと立つと、いい知れぬ恐怖感、寂漠感を感じるはずです。それは一体、どうして感じるものなのか。この分野の勉強が剣道では疎かになっているのです。

その意味で氣というのは、目には見えないのですが、自らに与える影響、また第三者にそれを伝え、敏感に反応させる不思議な力を持っているということができるでしょう。このように氣というのはまさに嘘、偽りのない人間の本心、それは意図的に発露しようとしたものではなく、自然なその時の状態から無意識のうちに発露されるものということが言えるかも知れません。

ただ人間というのは喜怒哀楽などと言われるように、さまざまな感情を持っており、その氣は単一ではありません。だからその氣の放射一つで人間関係を良好に保つか、あるいは一氣に崩してしまうかなどということにも影響してくるのです。氣というのは人間界においてそれほど大きな影響力を持っているのです。剣道の有効打突の要件の中にも〝充実した氣勢〟とあるように、氣の重要性を一番最初に説いています。

氣を錬るとは中和の状態に涵養することをいう

さて、それでは剣道の指導者がよく口にするところの氣というのは一体、どういった内容のものなのでしょうか。

私がよく耳にするところの氣の話題と言えば「あの選手は氣が強いか、弱いか」ということです。「彼は非常に良い稽古をするが、氣が弱いから勝負にも弱い」いわゆる先天的な性格を以って、それを捉えており、性格的に氣が強い、弱いを短絡的に勝負に強い、弱いということと結びつけてしまっているのです。

確かに動物の中でも、猫や犬をみると、生まれつき氣が強い、弱いというのはあるようです。生まれた中でも一番小さな小猫でも、氣が荒々しく、生存競争に強いというのをよく見かけるものです。やはり持って生まれた血というのでしょうか。それが幸いする時もあれば、逆に禍する時もあるものです。

しかしながら我々人間というのは、後天的に氣を錬ることが可能なのです。いわゆる環境によって氣を育て、修錬によって氣を錬ることができるのです。すると、

円くなれ　只円くなれ　円くなれ　角のあるには者が懸かるに

という道歌のごとく、人間的にも非常に円くなるのではないでしょうか。氣の荒い人は穏やかに、

氣の弱い人は逆に自らの心に自信を備えてくる。すなわち氣を錬るとは、それを中和の状態に涵養することをいうのかも知れません。これは剣道の理念に説く人間形成の道に通じます。

その意味で氣というのは、人間の弱さを表わすものであり、自らに弱さを感じた時に生じるものだと思います。とすると無意識のうちに発露される氣が人間的に最も強い氣ということが言えるかも知れません。

とくに戦いの場においてはそのことを痛切に感じることが多いと思います。どうしてあそこで堅くなってしまったのか、あるいはどうして思うように力が発揮できなかったのかと反省してみると、どうも自己の氣が自己の身体を縛りつけていたということが多いのではないでしょうか。いわゆる邪念、雑念という氣です。

そしてそれを解き放つ（中和する）にはどうしたらよいかということに、昔は命をかけて修錬したのです。ところが現在は、試合の勝敗、成績をかけてということです。当然、その錬り具合には大きな、大きな差が生じてきます。

いや、現代の剣道の状況の中で氣を錬ることは不可能に近いかも知れません。むしろ実業界の中で社の命運をかけて働く企業戦士の方がはるかに氣を錬ることができるという状況ではないでしょうか。

氣というのは無理に相手に伝えようとしても、伝わるものではありません。攻めとは氣と剣と体が一致してこそ初めて成立するものですが、中でも氣が占める要素というのは非常に大きいと思います。攻めが目に見えないのと同様、氣も目には見えないものです。が、剣に氣が入り、体にも氣が入ってこそ、生きた剣となり、生きた体となるのです。その意味で攻め＝氣といっても過言ではないかと思います。

よく自分では攻めているつもりが、全く相手に通じていないという人を見かけます。すなわち氣の重要性を知ろうとしなければ、攻めとは何かと尋ねても分かるはずはなく、攻めの重要性を解明しようとしなければ、氣の分野に立ち入ることはできません。そしてそれは剣道そのものの価値観にまで大きく影響してくるものです。

すなわち攻めを排除した剣道というのは、剣道という名を借りた全く別のものということができるでしょう。寂しい限りです。体を錬り、氣を錬り、そして心を磨くことが、剣道の最大の価値観であり、それが文化、芸道であるといわれる所以ではないでしょうか。

ところが体を錬るということの枠から一歩も抜け出せないでいるのです。たとえ抜け出したとしても、それは〝根性〟をつくるということに留まっているのです。確かに根性というのも、氣の分野には間違いありませんが、それは昇華されたものではなく、野性的であり、氣の分野の中でも一番程度の低いものだと思います。それをさらに心を磨くというところにまで高めていったところに文化性というものが存在するのです。そして高まったところで中和する。すると自然の状態で意識せずとも争いのない、逆に思いやりのある氣が発露されてくるということではないでしょうか。それはもう人間形成の道の、より究極に近いところであると思います。

剣道における業前というのは、まさにその氣の表現であると思います。若い時代には、その氣を上回る体力とスピードを備えています。だからそれプラス素質と狭義の性格的な氣の強さをもってすれば、確かに勝負には強いでしょう。しかしながら、当然のごとく体力とスピードは年齢とともに衰えてきます。するとそれにばかり頼って、氣を錬ることを無視してしまった人は、性格的な氣の強さというのは結果的に不滅であるからして、十数年後にはそこに全くアンバランスな、いわゆる氣・剣・体バラバラの剣道が寂しく存在するでしょう。

また体力、スピードに頼るということは、その日の体調、あるいは相手によって同じ結果は得られないものです。が、氣は錬られていれば、年齢に関係なく、何度でも繰り返しができると思います。体力的には最小限のエネルギーで戦うことができるのです。何度も繰り返しができて、体力的な消耗度は最小限に抑えることができる。

その意味で氣を錬るということは、体力、スピードの衰えに変わって人間であるが故に、誰もが潜在的に秘めている、それを錬れば錬る程、その効力が発揮されるというものであると思います。それを錬ることに限りはないのです。果てしない修錬の道とは、この氣の錬りをしていうのかもしれません。

その反面で、潜在下の中にずっとしまったままで、氣を錬ることをしない人、あるいは氣の存在に氣づかない人は、スポーツ同様、体力の衰えとともに引退という運命が待ち構えているのです。

氣を錬ることを忘れつつある世の中

では実際の方法として、剣道において氣を錬るにはどうしたらよいのでしょうか。まず、正しい切り返し、懸かり稽古に一心不乱に打ち込んで、身体の面では地力をつけ（体を錬り）、精神面においては耐性を養う、すなわち氣を錬るということだと思います。そしてこの間に、指導者は正々堂々の精神（正しい氣）を植えつけることが大事です。

やがて次の段階として、懸かる稽古から受ける稽古へと移行するわけです。受けというと誤解されそうですが、それは完全な〝後〟の稽古という意味ではなく、常に〝先〟をとった氣の張った稽古をするということです。するとそこに出頭技や返し技、応じ技の三層の技が生まれてくるのです。そして地稽古で錬り合う中では決して先に技を出さない。真剣勝負においては先に技を出した方が負けです。そのためには出さないだけの懸かる稽古によって培われた伎倆と度胸がなければならない。それが剣道における氣を錬るということに必然的に結びついていくのではないかと思います。

しかしながら先にも述べたように、現代の剣道は完全に競技化の傾向を示し、それを錬る分野（業前）が省略されてしまっているのです。昨今ではこの氣が一つのブームとなり、氣功などマスコミもそれを大々的に取り上げ、またそれに関する書物も沢山出ているようですが、本来はその先陣を切るべき剣道界からはそれを求めようとされていないのは寂しい限りです。が、現状を顧みるとそれも致し方ないのかも知れません。

我々日本人は物質文化の急速な発達により、あらゆるものを享受し、今やその文明に行き詰まりをやや感じつつあります。だからこそこうした氣の分野に活路を求めてきたのでしょう。その意味で剣道も行き詰まるところまでいって初めて氣の重要さに氣づくのかも知れません。

スポーツ界でも同様であり、戦後のスポーツ界の活況は目を見張るものがあります。そしてそれに勝利するために、近代的にあるいは科学的にと捉え、逆にそれまで誇りとしていた自国の精神面の指導は日本の古い体質といって敬遠されてきました。ところがその結果、今、日本のスポーツ界においての最大の弱点は何かというと精神面と言われています。

我々一門は（五島）高校の頃に、よく各クラブのインターハイ県予選の結果と反省を全校朝礼の場で報告したものですが、

「○○部は1回戦で、△△高校に敗れました。やはり練習相手に恵まれなかったことが敗因です」

とほとんどのクラブが練習相手に恵まれなかったことを反省の弁としていました。

しかしながらそれは絶海の孤島に存在する五島のそもそもの宿命なのです。ならば練習相手に恵まれていたならば勝てたのか。悪条件の中で懸命に取り組んでこそ、その真価は問われるはずです。結局、成績を上げたのはプールもなく、海や川で鍛えた女子水泳と剣道のみであり、他クラブは態のよい口実を述べているにすぎず、端からさじを投げているのです。この傾向が日本のスポーツ界全体にありはしないでしょうか。

別の観点から述べれば、私は軽量だから重量級に負けました、あるいは平均身長が低いから、相手チームの高さに負けました、などなどです。ではその後の対策はどうするかというと、より重さ、あるいは高さのある人材を求めようとするのです。

かつて日本のお家芸であった柔道などでは、現在、練習相手を求めて海外へと遠征していこうとしています。しかしながらそうしないと実力が身につかない、度胸がつかないというのは、非常に程度が低いと私は思います。

この日本の縮図が五島列島の状況でもありました。我々はそんな悪条件がごく普通であったわけです。三十年前には、県の中体連、高体連に五島列島から長崎まで6時間の船旅であり、夏の台風によく襲われ、東支那海の時化《しけ》は猛烈でした。いわゆる死をかけた船出であり、長崎上陸時には、立って歩くのもおぼつかず、翌日の試合は宙に足が浮いた状態での戦いでした。

結局、私達はこの逆境を逆境ととらえることなく、「天地自然を師として学ぶ」宮本武蔵の理念と同じくしてとらえ、僅か10分間にして海に遊び、〝水練〟をよくし、僅か10分間にして山に遊び、5分間にして小川や丘陵に遊び、幼くして大いに〝体練〟をよくして山野を駆け巡ったことは幸運でした。このことは〝一眼二足三胆四力〟の効果絶大なものがありました。

現在では長崎港よりジェットフォイルの就航による船旅は80分間と超高速となり、空よりは長崎空港より25分間、福岡空港より30分間と、すっかり間近な存在となりました。ところがある意味では、文明の利器は精神修行の妨げともなるものです。

私達の剣道の特色はやはり何と言っても、山紫水明に恵まれた「天地自然」を最大の師として教育を実践したことに尽きるのです。現代科学の時代にこそ、この教育はさらに異彩を放つことと信じます。ところが現代の親はそれを見ると可哀相と思う。そこでよい環境に、よい環境にということが逆にまたぬるま湯の体質をつくってしまうのです。これでは全く氣を錬るということなど不可能です。いまや日本中がこの状態で危険な将来と言えます。

剣道もやがて世界選手権に負けるようにでもなれば、その優勝チームの国へと遠征するようになるかもしれません。そうなればもう引き返すことのできない完全なスポーツへの仲間入りです。発想がなくなってしまっている何よりの証拠です。氣は発想をも生み出すものであり、それが芸道と言われる所以ではないでしょうか。

このように氣を錬るということはさまざまな面にまで派生していくのです。

氣は永遠のテーマである

現代の剣道は、この氣が錬られていないので、互いに相和した戦いというのが見られなくなりました。これは先に述べたように、氣の分野の修錬を省略してしまったことによる当然の状況と言えるでしょう。

氣の戦いに勝って、相手を次第次第に圧していき、後退させる。が、自らは決して先に技は出さない。さらに追いつめ、追いつめて相手が「まいった」と認めれば、敢えて打つ必要はありません。これが殺人剣ではない所以です。が、負けを認めず、苦しまぎれに、こちらの命を奪おうとしたならば、そのきざしを捉え、止むを得ず、そこで初めて技を出して相手を制する。すなわち氣をもってきざしを捉える。言い換えれば、きざしを感知するには、氣を錬らなければならないのです。これが剣道が剣道たる最大の所以ではないでしょうか。

西部劇などに登場するガンマンが何人もの人を殺しても罪に問われなかったのは、結局、正当防衛が認められたからなのでしょう。群衆の面前で相手の方が先に銃に手がかかったので、自らの命を守るために止むを得ず抜いて撃った。正当防衛とは果たして真の活人剣と言えるのでしょうか。生死に関係のない、現代剣道においては、それは止むを得ざる活人剣ということが言えるかも知れません。

が、最終的には争う氣をも溶解させる。これこそが世の中に剣道を生かす道ではないでしょうか。戦いというのは、相手よりも自分の実力が勝っていれば、思いやりの心がなくてはなりません。それに対して、下手な思いやりは命を落とし兼ねないと言われるかも知れません。

しかしながら氣を錬ることで、最終的に到達するところは、思いやりではないかと私は思います。

現在の世界の情勢は、下手に争うことがいかにつまらないことかということに氣づいてきたようです。いわゆるそれが相和した戦いということではないでしょうか。相和するというのと戦うということは、互いに矛盾するようですが、それが民主主義の世の中であり、ひいては針ケ谷夕雲の説く相抜けの状態へと昇華されるのではないかと思います。

「闘争を極限まで押し詰めていくと、道理の究まるところは闘争のおのづからの解消となり、相抜けとならざるを得ない。此方は向うを斬れぬ、相手もこちらを斬れぬ、そうして又お互いに闘争心がなくなっている。こういう状態は人類的な心理であって、これが闘争の極致なのである」（剣道に於ける道／富永半次郎著）

もちろん相抜けとは、真面目《しんめんもく》同士でなければできない関係にあることは言うまでもありません。現在の世界の政治は、この相抜けに近づいているような氣がします。

この氣の分野をのみ、精力的に解明しようとしたのが名僧と言われた人達ではないでしょうか。

『天狗芸術論』に、

「私が問うた。

生死の観念を超越した心境にある禅僧は剣術においても自由自在の働きをすることができるでしょうか。

天狗が応えるには――、

禅僧と武芸者とでは修行の目的が違っている。禅僧は生死を繰り返す輪廻《りんね》の世界を離れ、永遠の平和を求め、最初から死んだも同然の境地に心を置くことによって、生死を超越したものである。従って多くの敵にあって、その身を粉々に砕かれようとも、精神を動かさぬということは充分に可能であろう。だが、この修行は生命を守る役目は果たさない。死を恐れないというだけのことである（後略）」

ここに述べられている死を恐れぬことと、死を免れて生きることとは全く別の次元の問題であるにもかかわらず、剣禅一致に関する浅薄な理解のために、両者はしばしば混同されているということです。

その意味で、我々は〝生〟の氣を実感するために修錬をしていると言えるのかも知れません。いわゆる『浩然の氣、天地の間に塞《み》つ』（孟子）ということで、天地に充満する生命や活力の源となる氣を実感するためにということです。

それには同時に、〝死〟という氣を感じる体験も必要である。さりとて平和な現代ではそれは不可能に近い。それだけに、より真剣さをもって取り組む必要があるということです。

確かに京都大会などを拝見しても、死に直面した経験のある人の剣道というのはどうも尋常ではないようです。おそらくあのことに比べたらという自信があるのでしょう。打ちたいならばどうぞとばかりに全く何ものにも捉われていない。

うつるとも　月もおもはず　うつすとも　水もおもはぬ広沢の池

という心境なのでしょう。いわゆる一時たりとも休まず活動し続けている自然界が発露する精氣、それに人間が一体となった状態なのだと思います。無心、無意識のうちの氣の放射ということです。

しかしながら我々人間というのは、なかなかこだわりを捨てきれないものです。が、全く感じていないわけではない。あとで振り返ってみて、もしかすると、あの時の状態がそうだったのかも知れないと思う時があるものです。

私自身もそういうことを体験として感じたことがあります。それは岐阜で行なわれた全国教職員大会でした。この時は、稽古十分であり、それ以外にもさまざまな雑務に追われ、大会当日はまさに疲労のピークといっていい状態でした。しかし今思うと、とにかく一心不乱に取り組んだ結果、「やり抜いた！」という感じでした。それは全ての不純物が絞り出されたというのでしょうか。身体の不純物も、心の不純物も……。そして必要最小限度のものだけが残っているという感じだったのです。

試合では勝ちたいとか、負けてはいけないという氣持ちは全く生じてこなくて、何か自分自身が真空状態の中にスッポリとはまったような状態でした。そして自己の剣があたかも生き物のように相手を捉えていました。結果、大将戦、代表戦を全て制することができました。

私は、これまで述べてきたことでお分かりいただけるように、氣を錬るということを稽古の最重要なる課題としていますが、その氣にさえも捉われることなく、自然に相手と対することができたと思うのです。すなわち業前において、すべて処理することができた。相手のきざしに対して、瞬時に反応することができたのです。

このような体験をこれまでの私の修錬の過程の中で僅かですが、実際に感じとることがあったのです。それを学術的に説明することはできません。しかしながら、説明できないからこそ、それをさらに感じようと取り組ませるのだと思います。できれば、呼吸を通して自然界と人間界を結ぶ、この神秘的なる氣に関しては、永遠に究明されないで欲しいとも思います。究明されたならば、その時点で修錬も途絶えてしまうような氣がするのです。永遠のテーマであって欲しいと思います。

この無の世界は到達したと感じる修行の深さや取り組み方の高さや自然界とのつながりによって、その人々が持つ、色や匂の濃淡にも関わり、無の世界にも広く深い関わりがあり、人の関わる無はその無のごく一部と考えられるのです。

第十三章　感性を育てる

今年（平成二年）もまた私は、八月の僅かな夏休みを利用して五島に帰省してきました。その際に、都会ではついつい見落されたり、見失なわれたりされがちなさまざまな課題を発見することができました。

今回は、私自身を確立してくれた原点である五島で培った剣道観を論拠とし、現代剣道を振り返ってみたいと思います。

剣道は学問である

毎年、夏休みになると、〝同門会〟と称し、この五島から巣立ち、現在では高校教員をしている十数名の先生方が、教え子たちを引率して数日間の合宿にやってきます。非常に楽しみにしていたのですが、その稽古を見て、愕然としてしまいました。

技が小さく、気剣体は不一致で、まるで棒振りと言っても過言ではないほどの惨たんたる内容だったのです。それは〝五島の剣〟本来のものとはまるで程遠いものでした。そこで稽古後、生徒、そして先生たちを前に、次のような質問をぶつけ、それに対して、少々非情とも思える私の考えを述べました。

「君たちは一体、何のために剣道をやっているのか。真剣にそれを考えてみたことがあるか。おそらく試合に勝つためにということだと思うが、どうか……」

「そうです」

「では、君たちの今のその剣道で勝っているか。先般行なわれたインターハイの県予選の結果はどうだったか」

「1回戦で負けました」

「君たちの学校は？」

「2回戦です」

……

「その内容の良し悪しを問うことは別にして、今の稽古の状態で2位あるいは3位という成績であるならば、もう一息。より時間をかけるなどして可能性を見出せるが、その内容は棒振り、かつ成績も伴なわないでは、全く希望がないのではないか。その証拠に、君たちと同じような環境にいた子たちの中で、高校時代にこれだけ時間をかけて取り組んだにしては大学に入っても尚、続けるという者はほとんどいないのが現実だ」


たとえば短距離の100m走などは、それを10秒前後で走る能力を持つ選手というのは、持って生まれた先天的な素質というものに既に恵まれていると言われています。子供の頃から速い子は速い。

現在の剣道の指導というのも、その持って生まれた先天的な千差万別の能力（すなわち恵まれているという者に限らない）にさらに磨きをかけることのみに偏っているような気がするのです。

いわゆる指導者も生徒自身もそれのみに頼った剣道をしようとし、その枠から一歩も外に出ようとしない。ならば、100mを10秒前後で走る子供、もし剣道にそういう条件が必要だとするならば、そういった子供たちのみを集めて指導した方が早いわけです。有名校はいずれもこの方式で素質のある子をいかにスカウトするかに血眼になっています。そしてそれらは高校野球と同じく越境入学者が大半なのです。野球では問題になっていますが……。何のためにその条件が必要であるかというと、勝つために……です。そして有名大学へ進学させるためなのです。

確かにスポーツ競技においては、その国を代表する選手ともなれば、まず先天的な素質に恵まれていることが第一条件となるでしょう。100mを15秒で走る選手を集めて、いくら名コーチと言われる人たちが指導し、本人たちもそれに対して努力しようとも、結果的には何の努力もしない先天的な素質に恵まれている選手には負けるものなのです。とくに100m走というのは、そういう要素が強いそうです。

ところが現在のとくに十代全般の剣道の指導状況も、それと似たようなものではないでしょうか。すなわち後天的に育てるということがない。では一体、何を育てるのか。感性を育てるのです。十代の指導においてはとくにそれが大事であると思います。そして剣道による指導でそれができるのです。何故ならば、私は剣道を学問と捉えているからです。

現在は、武道として剣道という課目があります。ということは、数学や国語と剣道は同列であると社会一般も認めているのです。さらにクラブ活動としても精力的にその学問に取り組んでいるのです。なのに、数学の試験がある時に、どうして剣道のクラブ活動を停止するのでしょう。2時間の稽古を1時間に凝縮するというのならば、まだ話は分かりますが、そうではない。試験一週間前になると、クラブ活動停止という規則のある学校がほとんどではないでしょうか。

結局、剣道を学問として授業の中に取り入れながら、その実、学問として認めていない表れなのでしょう。それをまた体育（剣道）の先生自らが容認しているのではないかと思われる節もなきにしもあらずです。いわゆる進学に関係のない課目というのは蔑《さげす》まれ、それに対して教師自身が劣等感を感じている。実際、教師の間では、体育会出身者は思想がないと蔑まれている場合が多いということのようですが……。

しかしながら剣道は学問であると同時に、誇りある日本の伝統であり、文化なのです。それをまずもって指導者自身が肝に銘じているでしょうか。もしそれが指導理念にあるならば、現在のように竹刀による叩き合いの時間ばかりを長くもってはいられないはずです。実際、実技というのは「より遠くから、大きく振りかぶって、まっすぐに」、このことにいかに数をかけるか。それだけで十分であると思います。

ところが勝負という意識が頭から離れない。これでは思想がないと言われても致し方ないのかも知れません。言い換えれば、思想がないので、先天的な素質のみで勝負させるしかないのかも知れません。すると当然のごとく脱落者が出てきます。あるいはチームにそういう子がいなければ永遠に勝てない。それでいてよくいつまでも同じ方法で取り組んでいるなあと、私は不思議に思うのです。

だから試合一つにしても、それを学問として捉えさせない限り、自信喪失者を生むばかりです。というのは、試合に勝つということが、即人間性までも勝《すぐ》れているというふうに、何事も勝った者に都合のよいように受けとられている状況だからです。

もちろん試合にも強く、人間的にも勝《すぐ》れた人物というのは存在します。が、試合に弱いから人間も下なのでしょうか。これは暴論です。ところがこの暴論が指導者の意識せざるところにおいて罷《まか》り通っているのです。

躾《しつけ》の重要性

剣道に取り組んでいる青少年は非常に礼儀正しいと言われます。実際、その通りです。が、その礼にも二通りあって、心の底から尊敬の念をもたれた礼なのか、指導者に対する恐さ故の従順さなのか。もし後者の場合なら、大学、あるいは社会に出て徐々に見識が広まってくると、もう振り返られなくなると言わざるを得ないでしょう。

我々剣道の指導者はそのことに対して全く自覚症状がないのではないでしょうか。無自覚ということほど、恐しく、それでいて惨めなことはありません。

昨今では先に述べたように、感性を育てるということをよく言われます。いわゆる感受性と言われるものですが、今日の試合偏重という風潮の中にあって、指導者自身にもその感覚が失なわれつつあるのです。いわんや最もそれが磨かれるべき時期に、その指導が成されていないのです。感性を育てるということは、すなわち前向きな学問の追求にもつながるのです。現在、試合という小さな枠の中で育てられているのは、喜怒哀楽という感情であって、人間を豊かにする感性ではありません。

ところが世の中の風潮というのも、すべてがマニュアル化、いわゆる画一化され、個性が次第次第に薄れつつあるのも事実です。その意味で感性というものを育てにくい状況にあるということも否めません。

この感性を育てる最も基礎となるものが躾ではないでしょうか。生まれたばかりの子供というのは野生と同様です。その野生を徐々に溶解させ、物事の善悪を教え導きながら人間としての人格を形成する。いわゆる親が子に教える教育というのがあるわけです。

人間の子供ならば、朝起きて歯を磨くという習慣が教育せずして自然に身につくというものではありません。黙っていれば磨かない方が楽です。我々が今になって、親に感謝するのは厳しい躾をしてもらったということではないでしょうか。子供の頃はその躾に対して、確かに厳しさを感じるものですが、今となっては全く厳しいとは思わないはずです。ところが躾られていない人はすべて苦痛に感じてしまう。早起きなどはその典型でしょう。

ところがこれは以前にも述べたことですが、家庭は学校に躾を求め、学校は家庭に塾へやるなど

してもっと勉強させてくれという。いわゆる互いに本来の役目を放棄して、それを相手に委ねているのです。矛盾を感ぜずにはいられません。

一体、日本人が何故、世界中の人達から彼らは勤勉であると言って称《たた》えられるのかと言えば、親の子に対する躾という揺ぎない教育がしっかりと過去に成されていたからだと考えます。

たとえば昔から、〝早起きは三文の得〟と言われますが、私も父から子供の頃によく「朝に強くなれ!」ということを言われました。子供の頃はとくに元気な子であればある程、早起きというのは苦手なものです。が、早起きというのは言わば時間の先取りであり、何事にも余裕をもって取り組むことができる。余裕があれば失敗も少ないものです。すなわちそれが勤勉さということに一役買っているのではないかと考えます。

剣道というのも、先を読むのが剣道の剣道たる所以であるはずです。打たれた後で、「しまった!」と気づいてももう遅いのです。その意味で剣道というのは、碁や将棋と同じではないかと思います。勝った負けたはどちらも打つ前には既に分かっているものです。勝って打つのか、打って勝つのか。

ところが現在の剣道というのは、パッパッ、パッパッとお互いに打ち合った結果、「一体どっちが勝ったの?」という全く内容の伴なわないものです。実に単調で、錬られていない。だから後天的に育てられた味というものが全く感じられないのです。

結果的に打つのは形式。事実、碁や将棋は、あの一手が既に負けだったと、最後の一手を打たれる前に「まいった」と言っています。もちろん最後の最後まで「まいった」と言わない人もいますが、それは頑固なのか、読みが浅いかのどちらかでしょう。いわゆる〝桂馬の高飛び歩のえじき〟などという訓えが剣道にはないのでしょうね。徹底して打つことをもって剣道と勘違いしているのです。そしてその状態というのはだいたいにおいて興奮に発したものなので、何をやっているのか分からない。すなわちそこには反省がない。いや、できない。反省する基がないのです。当然、出直しはききません。

ある意味で剣道の修錬というのは、先を読むことに磨きをかけることなのかも知れません。それを再び社会に還元して生かすということが人間形成と言われる所以なのでしょう。ところが現在の状態は、生かされるように取り組まれていないということではないでしょうか。

時間を先取りするというのは、言い換えれば、相手に気をくばるということでもあると思います。それがひいては思いやりにも結びつくのではないでしょうか。たとえば○時△分にある場所で待ち合わせをしたとします。すると約束の10分前に来る人、時間きっかりに来る人（表現をかえればすべり込みセーフで来る人）、あるいは遅刻をする人……などさまざまです。そしてそのことが人間関係を円満にもし、破壊したりもします。

時間の経過というのは、先に到着して待っている人にとっては、約束の時間に至っていない数分前であるにもかかわらず、その心を次第次第に憂うつにさせるものです。人間の心というものは移り易いものなのです。約束の時間に来るのは当たり前。つまりその〝先〟をとって、10分前に来て待っている人というのは思いやりのある人であり、両者がそうなっている状態は、人間関係を非常に良好に保っている証《あかし》ではないでしょうか。

私が大学へ入学した時、陸上の名教授金子藤吉先生の最初の教えは「自分でやるのが上の上、言われてやるのが中の中、言われてもやらぬのが下の下」ということが終生の教えだったのです。

剣道は回り道の文化

剣道というのは本来、回り道の文化です。これは躾が長い長い年月を要するのと同様でしょう。ところが現代剣道というのは目の前にある試合に固執してしまって、知らず知らずのうちに身体的運動能力の優劣を争う競技と成り下っているのです。だから味など全く感じられません。いわゆる〝近道による自滅〟、〝自己の破壊〟といってもよいでしょう。人間形成どころではありません。

現代は社会生活、家庭生活、あらゆる面において便利になりました。前項の『氣を錬る』においても述べましたが、現在では、五島には長崎よりジェットフォイルの就航による船旅は従来の3時間30分から80分に、空からは長崎空港より25分、さらに福岡空港より30分とすっかり間近になりました。都会がどんどん近づいているのです。

また視点を変えてみると、約50分の通学時間を要する子の家の近所に、それまで僅か5分しかかからなかった家庭の子が引っ越してきたとします。引っ越してきた子にとってはそれは青天の霹靂《へきれき》にも似た心境であるかも知れません。親もそれを可哀相だと思う。が、生まれてからそこに住み慣れている子にとっては当たり前の通学時間です。

五島においても、交通の便が整うことにより、現代では、我々の頃には全く予想もしなかった徒歩通学から自転車通学そしてバス通学となりました。これも便利です。結局、歩く距離というのは、それぞれのバス停までの僅かな距離のみです。やがて親が車で送り迎えしてくれる現状となっているのです。

便利というのは大いに結構なことです。が、それによって失なわれたものがあるということも自覚しておかなければならないと思います。いわゆる本項のテーマである感性を磨き、育てるということを阻害しているのです。失なわれたものは補わねばなりません。それを剣道を通じて養うことができるのです。但し、その剣道をどう捉えるかによってですが……。

剣道は一体、どの範囲が剣道なのでしょうか。先に登場した高校生たちに聞いてみると、「道場に入ってから」、「面をつけてから」あるいは「竹刀を持ってから」などさまざまな答えが返ってきました。最初はそれでも良いでしょう。それを次第次第に道場の外へと目を向けて、広めていく。それが剣道の果たす最大の役割ではないかと思います。それにはただ単なる棒振りや恐れ故の従順さであっては、一歩道場の外に出れば、何の役にも立ちません。これが古来より伝承されて世界が認めていた「剣道即生活」の重要な分野だったのです。

剣道の中には、人間生活に結びつき、生かされるべく幅広いさまざまな訓えがあるのですが、それに気がついていないというのか、学ぼうとしないというのでしょうか。先に剣道は学問であると言った所以はここにあるのです。そのことの深い探求が成されていないのです。〝剣道は礼に始まって礼に終わる〟が単なる御題目として止まってはいないでしょうか。

先日、東京ドームでの巨人―中日戦が中止になりました。これは台風で新幹線がストップしたことにより、中日の選手団が名古屋に足止めを余儀なくされたためです。が、西本聖投手他、二、三名の選手のみ既に前日に来ており、試合当日には東京ドームでランニングの練習をしている風景がテレビで放映されていました。それをなにげなく見ていると、やがて試合が中止となり、西本投手は練習を終えて帰る際、一人の観客もいない球場内に帽子をとり、一礼をして、ダッグアウトの奥に姿を消していきました。

私は正直言ってプロ野球の選手はそんなことはしないと思っていました。おそらくこの選手たちは幼年時代より良い教育を受けたのだと思います。それが自然のうちにその行動となって表われたのでしょう。この時、本物のプロフェッショナルとはやはり技術のみではないなと感じたものです。本当にさりげないことですが、こうしたことから人間というのは信頼を得るのだと思います。

躾とは先に述べたように、人間が円満な社会生活を営む上での一生涯に通じる基本です。剣道における心と体の基本もそう捉えればどうでしょう。そう考えた時、指導者は将来を見据えた基本ということを果たして把握し切って教えているかどうか。いるならば、子供たちに基本を教え導きながら、自らもまた基本のおさらいができるのです。このことが実は重要なことなのです。

ところが現在の試合偏重の剣道ならば、基本にこだわらなくても教えられるのです。いわゆる俄《にわか》先生と称される人達の教えというものには剣道が本来目指すところのポリシーがない。試合に勝つということだけです。それは躾という意味の基本となりうるでしょうか。ならないと思います。親が子供を甘やかしている状況が、現在の試合偏重という流れに何となくオーバーラップするような気がします。確固たる基本（躾）の身についていない剣道というのは非常に粗野な面、一方では貧困さの両極端を漂わせているものです。

我々はよく正々堂々と言いますが、それは基本ということに根ざしたところから発する訓えです。まず正々堂々という精神こそが円満な人間に成長させる最も大事な訓えであると思います。が、試合に固執してしまうと、その人の性格までも知らず知らずのうちに歪められてしまうものです。

先に便利ということについて述べましたが、試合偏重という傾向も、結局、世の風潮とともに知らず知らずのうちに定着してしまった便利さ故の代償ではないかと思います。剣道が体協に仲間入りし、スポーツ化したこともう一つの要因でしょう。だからこの状態を弊害と思っている人というのは意外に少ないのではないかという気もします。

現在の状態は基本を便利化して試合に結びつけているのです。これでは感性を育てるどころではありません。剣道は回り道の文化なのです。その過程の中で感性は養い育てられるのです。

今回、五島から都会を振り返ってみて、身を美しくと書く躾教育の実践振りによる日本一美しい礼儀作法、美しく大きな基本動作、稽古前における日本人の心の有り方やおもいやりの心、優雅さについての教育法が結果的にはゆとりの教育となって学問も向上し、技術一辺倒の技術を楽々と打ち破ってもいるのです。このような教育の原点を間近に拝見させていただき、改めてその重要性を思い知らされました。

第十四章　目の付けどころ

偏向してしまった目の付けどころ

剣道において目付けと言えば「遠山の目付」、「観見二つの目」などの訓えがありますが、それらの意味というのは、ここで改めて述べなくともあらゆる指導書において説明されています。が、肝心なことは、それらの訓えが果たして剣道の実技の中、あるいは日常生活にまで生かされているかどうかということだと思います。ただ単に説明の記憶、それのみに止まってはいないでしょうか。それに対するイメージ、発想というのが非常に貧困なのです。すなわち目の付けどころというのがやや一方に偏っており、近視眼的ではないかということです。端的に申し上げるならば、その目の方向は試合という方向にのみ向いてしまっており、さらにはそこに釘付けになってしまって、それだけではない剣道のみが持つさまざまな学問的な要素に全く気がつかないでいるのです。

そのことをまさに象徴するかのような場面を、今年（平成二年）の大会で目撃しました。ある大学の、それも優勝した選手が、その試合後、なんと立ったまま面をもぎとり、ガッツポーズをしながらチームメイトの輪の中に入っていったのです。これには驚きを通り越して、ア然としてしまいました。まさに意表を衝かれて居ついてしまったという感じです。

もしかすると、その選手は普段、面を着ける時も立ったまま行なうのかもしれないと思ったものです。が、さすがに着ける時は周囲の目もあるので、座って着けていたようですが、試合が終われば、緊張感がとけますから、普段の取り組み方が露呈してしまった、ということでしょう。これなどはまさに剣道における礼儀作法の目の付けどころを誤って捉えている最悪の例といってよいでしょう。

ところがそのことに気づく人も意外に少ないのです。剣道をやっている人ならば、その是非について気がついて当然なのですが、試合の状況にのみ関心がいっているので、そのことを指摘しなければ気がつかない。これが現代剣道の悲しき現状なのです。悲観的にならざるを得ません。

むしろ書物などを端緒に剣道に興味を覚え、文化あるいは学問として、それを非常に高く捉えている外国人が、その状況を目撃した場合には、書物で述べていることと、実際にやっていることはまるで違うではないかと大きな失望感を抱くことでしょう。その意味で素人の何事も純粋に捉えて学ぼうとする目ほど恐ろしいものはありません。諸外国人から観ると日本には侍はいない。剣道の世界大会でも、日本代表を「侍日本」とか「侍ジャパン」とは言わず、野球の日本代表を唯一「侍ジャパン」と呼称しているこの不思議さ……。

ところが良い目標となるべき肝心の日本人自身の目の付けどころが先に述べたように偏向し、近視眼的になってしまっているのです。厳しく言うならば、現在の中・高・大学の指導のあり方というのは、名誉を得るために選手を乾電池に見たて、それを使い切ってしまうと、消耗品として廃棄してしまう。そしてまた新しいエネルギーたっぷりの乾電池を買って（見つけて）くる。いわゆる長期的な展望、視野に立った指導法ではないのです。やがて地球の環境を壊していくのです。

海を越えた師弟愛

私は8月の下旬から約10日間、アメリカのテキサス州フォートワース市に、第5回全米選手権と、当地の指導に行ってきました。私の父、武雄が、その大会の実行委員長の鍋島健士氏に招待を受けたのですが、それに我々兄弟4人と妹が同行したのです。

実は鍋島氏は五島出身で父の弟子であり、私の少年時代には、薬剤師の傍ら、剣心会という少年剣道の父兄会会長を務めておられた方です。その後、アメリカに渡り、カリフォルニアからテキサスに移り住み、針灸の仕事で成功され、永住権を獲得されたのです。もちろんその地区で剣道、居合道を指導されていることは言うまでもありません。

その姿を今回の全米選手権に合わせて父に是非見てもらいたかったというわけです。鍋島氏は「私が仕事の面で成功し、またアメリカの人達に剣道の良さを分かってもらえたのは、ひとえに先生の教育の賜物だと思っています。すなわち私はこちらに移り住んでからもずっと先生の訓えをそのままに剣道に取り組み、またその心をもって彼らに指導したからこそ成功したのです」と述べられていましたが、父もはるか遠くアメリカにおいても自分の教育を実践してくれている鍋島氏の熱い思いに意気に感じたのでしょう。今年の三月頃、一度は生死の間を彷徨《さまよ》うほどの肺炎を患ったのですが、その生死の崖っぷちから父を奮い起こさせたのです。我々は退院後の父の衰弱した身体を心配し、アメリカでの悪条件をいくつも並べたてながらその思いを断ち切らせようとしましたが、「命をかけてもいく！」と言って、ついに我々の方が断念せざるを得ませんでした。

これこそまさに深い絆で結ばれた海を越えた師弟愛ではないでしょうか。アメリカの人達も車椅子ではるばる日本からやって来た父の姿に「日本人というのはやはり武士だ。これこそが我々の追求していた日本の心、道そのものではないか」と感動していました。古い、時代錯誤の考えだと言われるかも知れませんが、これこそが武道と言われる剣道の素晴らしさの一端ではないでしょうか。閉会式においては全剣連派遣指導者と父以下五兄妹にテキサス州・フォートワース市民賞額が授与されました。試合と昇段だけが剣道ではないのです。が、大半の指導者はそれをもって剣道と捉えてしまっている。すなわちその目は現象面と、その内に秘められた名誉欲のみを追っているのです。

前回、「感性を育てる」というテーマで述べてみましたが、その目の付けどころが感性と結びついていないのです。感性と結びついていないので、剣道は一体、スポーツなのか、武道なのかといった論議がいつまでも繰り返されるのでしょう。言い換えれば、「百年の計」という遠い将来までも見通した心の視野が開けていないのです。「百年の計」の僅か十分の一程度の中で右往左往しているのが現状ではないでしょうか。

現在の中東問題にしても、主体性を持たず、他国のそれに対する状況を見てからということで、完全に出遅れてしまいました。そしてその貢献策として結局、金さえ出せば良いという安易な発想で当初10億ドル、するとアメリカに不十分だと突き上げられたら10億ドル、さらに20億ドルも上積みして、計40億ドルもの資金援助を決定しました。が、どこの国より出しているからそれで事足りかというと、（その後更に90億ドル拠出）日本は金しか出していないとまた批難を浴びる。その後の自衛隊派遣云々についてもしかり……。

すなわち日本人は、国際的には信念、理念がないといわれても仕方がないのです。他人の顔色を見てからでないと、物事を判断できない小心翼々、それでいて狡猾な民族に成り下がってしまいました。言い換えれば、国際的な目付け（視野）というのが伴っていないということでしょう。中東問題が一段落し、貢献した諸国名に日本国の名はありませんでした。

このことと先に述べた現在の剣道の状況を照らし合わせてみると、日本人の心の部分にポッカリと穴が空いてしまっていることに気がつきます。果たしてそのことは、現在の日本人全体の傾向と言えないでしょうか。日本人から日本人本来が持つ心が徐々に徐々に消失してしまっているのです。そして今も尚、それは密かに進行しているのです。その原因はやはり、幼少の頃から感性を育てるということをおこたった報い、あるいは家庭教育における躾教育や学校及び社会教育のあり方に起因すること大ではないかと思います。ある人はこれは米国の占領政策の効果、優れた歴史を教えるなと言えるのだと。

その意味で感性を育てるということと、目の付けどころというのは、密接な結びつきがあると思うのです。それによって繊細で思いやりのある心を養えると同時に、遠い将来をも見通すことのできるスケールの大きい人間が形成されるのではないでしょうか。

しかしながらそういう面の教育が成されていない。剣道にはそういった教育的要素が沢山秘められているにもかかわらずです。試合や昇段のみを目標の剣道では、それらは育てることはできません。

色あせてしまった教育的効果

そこで現在のたとえば、中学、高校の大会を振り返ってみる時、いわゆる監督といわれる指導者と、選手である生徒、この関係が主客転倒しているのではないかと思うのです。すなわち自分の実力を示せない人ほど、生徒達に過剰な期待を寄せるのです。だから自分の意のままに動かなければ気に入らない。それはまるでサイボーグを操っているかのようです。サイボーグに心はありません。これでは主体性など養えるはずはありません。ところが指導者本人はそうは思っていない。すべてのことを犠牲にしてまで情熱をもって指導に当たっていると、自らを美談の主人公に仕立てあげているのです。

本来、剣道というのは、繰り返し述べているように、それをどのように生活と結びつけていくかということを常に考えながらの教育（剣道即生活）ですが、私は他の体育実技を指導する上においてもその精神を生かしていきたいと思っています。決して主役は教師や監督ではなく、生徒なのです。

だけれどもバレーボールやソフトボール、あるいはバスケットボールなどの他の分野のスポーツを専門に学び、取り組んできた人達が、教育現場の中で果たしてそこまで考えて指導されているでしょうか。少々疑問です。大学などにおいてはその傾向がとくに強いと感じています。いわゆるゲームを主体に楽しく、運動不足を少しでも解消できれば良いという程度ではないでしょうか。確かにそれも重要な意味を含んでいます。

だからそういう目から剣道を見ると、実に暗い。つまらなく教えてると映るのです。もし一般学生に人気投票でもさせれば、おそらく上位の方にはランクされないでしょう。

が、好きだからやらせるという考えも大切ですが、嫌いだからやらなくていいという考え方はどうでしょうか。

食事に関しても同様です。甘いものが好きで、酸っぱいものが嫌いだからと言って、偏食をしてしまっては、栄養のバランスが崩れて、太り過ぎたり、やせ過ぎたり、健康面ひいては精神面にまで悪影響を及ぼすものです。

今の世の中は日進月歩の状態で、電化製品や車、カメラなどは次から次へとより便利な新製品、多機能を備えた新型車、新型カメラが開発されています。この傾向に我々人間も懸命に即応しようとしているのです。そして時代に即応した人間というのが、今の世の中では素晴らしいといって高い評価を受けています。が、果たしてそうでしょうか。便利さの貪欲な追求は、人間本来の心を逆に荒廃させてしまってはいないでしょうか。文明の利器が幸福を必ずしももたらさない。

一時期、剣道は中・高校・大学生の間でとくに左拳を頭上に高く掲げて面も小手も胴も同時に防いでしまう、攻防が全く分離した状態のものがブームとなって蔓延しました。現在でも学生の大会などでたまに見かけますが、その当時はまさに時代に即応するかのように、その状態のものが主流を成していったのです。そして剣道本来の精神を全く失ったものをもって剣道といった。

即応と言えば聞こえは非常に良いのですが、明らかに翻弄されてしまった状態です。現在はその状態を目の付けどころが近視眼的であったための弊害と、誰でも認めています。時代に即応したことが、逆に弊害となったわけです。もしその時、指導者自身がブームに煽られない、剣の理法に則った理念をしっかり築いていたならば、あれほどまでの状態には陥らなかったはずです。

先に述べたように、剣道には教育的な素材が沢山秘められているのですが、目の付けどころを誤っているために剣道本来の価値観に気づかないのです。言い換えれば、試合という脚光を浴びるものだけに目が向いてしまっているので、それに対する犠牲というのも非常に大きいということです。もし、あの試合方法で審査を受けたならば全員不合格です。それこそが問題なのです。

果たして剣道の指導者と言われる方は、この剣道を一体、どのような目で捉えているのでしょうか。学問として捉えているのか、それともスポーツ分野の中の一つとして捉えているのか。おそらく学問として捉えて取り組んでいる方は、現状を振り返ると非常に少ないのではないでしょうか。

生徒たちに「剣道は文武両道である。しっかり勉強もしなさい」と叱咤激励する前に、自らの勉強不足を恥じるべきだと思います。現在は文武両道を学校の勉強と剣道の稽古とが合体したものと捉えていますが、剣道の中にこそさまざまな価値ある学問が存在するのです。

たとえば、剣道の大会における剣道形の意義とは一体、何なのでしょうか。私の学んだところでは〝魔払い〟という意味を含んでいるということです。だから大会においては通常、開会式終了後に直ちにそれを行なっています。いわゆる厳粛な試合場を清め、身体の安全を祈り、そして場をつくるという意味で行なわれるものなのです。

ところが時間がないからと言って、それをカットしようとしたり、ある著名な高段者に至っては、「笑われるくらいなら初めからしない方がいい」と言われる始末です。剣道の形というのは、笑われるためにするのでしょうか。あるいは時間がないからやりませんというのは、言い換えれば、時間が余っているからやっているという意味にも受けとれます。要するにスポーツ剣道であり、その程度の捉え方なのです。国旗掲揚、国歌斉唱も時間の都合でもちろんカットです。

今回の格技から武道への名称変更の意義も、我々は一体どのように捉えて改革、改善をして教育に導入していっているのか考えなければならないと痛感し、反省もしています。

現在では全日本選手権大会においても、その順序を間違えています。それは開会式直後ではなく、テレビの放映に合わせて、3回戦終了後に順序を大幅に変更しています。ところが実際にはそれは観客の休憩時間となっているのです。現実には喫煙と用便の時間帯なのです。

観客が会場に沢山入っている時間帯に合わせ、是非これを見てもらいたい配慮からであるというのが主催者側の言い分でしょうが、実はテレビ中継に合わせて行なっているのではないでしょうか。

百歩譲ってそれならば、それでもよいでしょう。が、剣道界全体も剣道形は魔払いという厳粛な意味を含んでいることを完全に忘れ去っているということです。そういうことをこそ指導していくべきだと思うのですが、指導されていない、あるいは学ぼうとしない。結局、行きつくところは、競技化の傾向を益々強くするということです。大相撲の横綱の土俵入りの伝統美は万国に共通する文化ではありませんか。

剣道も柔道のように徐々に尊敬されなくなっていくのは、そういった剣道本来の持つ教育的効果というものをどんどん消し去っていくからではないでしょうか。アジア大会の柔道競技をみて、面白いからだけでは寂し過ぎます。しかし、それに気がついて礼法などを重視している顧問が見られ、反省されたのでしょう。

それでは最後に、実際に面を着けた時の目付けについて考えてみたいと思います。

「目は口ほどに物を言う」あるいは「目は心の窓」と言われるように、目を見れば、その人の心のほどはだいたいにおいて判断できるものです。いわゆる目付けというのは、その人の精神を映し出すものなのです。

ちなみに大野操一郎先生は、高野佐三郎先生の秘蔵写真を見て「この目付けを見なさい。それだけで先生の剣道観というものが感じられる。そしてその目付けを見れば、それを象徴するような、これ以外にないという構えをしておられる」とおっしゃっていました。が、あの高野先生の目付けを写真からどれだけの人々が学び、姿勢態度に取り入れたか心配です。やはり先人が何故、「加賀百万石のごとし」とか「大納言のごとし」といわしめ、後世に残した言葉なのか、そういうきっかけから、実際にその意義を追求してみることも、大切な稽古事ではないでしょうか。

その意味において、面を着けた時、面金ののぞき窓（物見）が一本でも合わなかったら大変です。それが合わないと顎が上ったり、あるいは下からのぞき込むようになることによって、その人全体の構え、ひいては精神までも狂わせてしまいます。だから防具の中の目線というのは非常に大事なのです。ということはそれ以上に防具選びには、とくに神経質でなければならないということです。それによって、立派な素質を持っていても、いやしい剣道になってしまったり、変な癖がついてしまったりする。そうならざるを得ないのです。指導者はその点にも配慮がなければならないと思います。

現代の指導というのは、過剰とも思えるほどの稽古の量を消化することによって、自然に心も錬れてくるという考え方です。確かに根性という名の最も程度の低い精神力は身につくでしょう。が、本来、剣道の指導というのは、精神的な指導から、形を作り上げることも必要な教育手段、方法ではないかとふと考えたりもしています。ところがその心を学んで、信念をもって取り組んでいる指導者が少ない。懸かり稽古は一体、何のためにやるのですかと質問されて、スタミナ養成という程度の答えしか返せない指導者の下では教わる方も可哀想です。常にテーマをもって臨む稽古でなければ、まるで進歩がありません。そのヒントを少しずつ与えてやるのが指導者の役目ではないでしょうか。それには指導者自らが率先垂範して稽古に臨み、また剣道を学問として捉えて学ぼうとする姿勢がなければならない。

その意味で、一人の指導者が目の付けどころを誤ると、その何倍もの、その人と同じ価値観を持った浅く薄っぺらな人間を養成していることになるのです。そのことを我々指導者は十分に肝に銘じておかなければならないと思います。

この点においても宮本武蔵が「遠山の目付け」と称して、諸々の現象に応用せよと示唆しています。

第十五章　三殺法

先般、ＮＨＫテレビで国体の模様を放映しており、その中の少年男子の試合を見る機会がありました。が、それを見て愕然としてしまったのはおそらく私一人だけではないでしょう。凡そ剣道とは言い難い内容だったのです。

しかしながらそれはまぎれもなく厳しい各地域の予選を勝ち抜いてきた選手たちによる剣道の試合でした。果たしてそれを見た全国の中・高校生のほとんどは、純粋に、私に言わせればその擬似的剣道、いわゆる似て非なるその状態を見て、それが剣道であると思い込んでしまうのではないか。そして目に映る現象面のみを見て、その状態を目標に取り組んでいくのではないかと大いに危惧の念を抱いたものです。

高校野球ではかつてある高校がパワートレーニングを取り入れて優勝すると、他の高校も一斉に右に倣えとばかりに、その方法を取り入れました。現在、その高校は低迷状態が続いています。

またバレーボール界に目を転じてみると、かつては日本人独特のキメの細いコンビネーションバレーを創案し、外国の大男を振り回し、見事にオリンピック（ミュンヘン）を制しました。さらにはかつての日本のお家芸と言われた体操におけるウルトラＣの優れた技術やフジ山の飛び魚と言われた世界の水泳もかつては一世を風靡しました。ところがこれも他の先天的な資質に恵まれた諸外国の選手達が同様のことを取り入れ始めると、途端に勝てなくなり、現在も低迷状態が続いています。これは新しい発想に限界を感じ、居付いてしまったからでしょう。

そういった過去の栄光を振り返り、改めて現在の姿を見てみると、あらゆる面で日本の特色というのが失なわれつつあるような気がするのです。剣道も現状のままであるならば、やがてそうならざるを得なくなってくるのではないでしょうか。現実に国体のテレビ中継などを見ていると、似て非なるものにすり換えられつつあるのではないかと、悲観的にならざるを得ないのです。

ならば果たしてその一方で一般の人達や、昨今では外国人剣士の人口も増えつつあるようですが、彼らは一体何をもってやりがいとしているのか、言い換えるならば、何を価値観として取り組んでいるのでしょうか。年齢的にも、また技術的にも磨けば光るという超一流の素質があるというわけでもないのにです。

風流と優雅

さて、ここで視点を別の角度に移してみましょう。

風流とか優雅という言葉がありますが、その意味はというと、紙一重で、ほぼ同様です。しかしながら絶対的に違うものがあるのではないだろうか。ではそれは一体、何だろうかと考えてみると、風流という言葉には自然の要素が多分に取り入れられているのではないかという気がするのです。もちろん優雅という言葉の中にもその要素が全く存在しないと断言はできません。

すなわち私なりに解釈するならば、風流という言葉の意味の中に優雅が内在する。言い換えるなら、風流という言葉は優雅という意味をも包み込むほどにスケールの大きいものではないかと考え

るのです。そのスケールの大きさが大自然です。いわゆる大自然（風流）の中に生きる人間を対象として、その感化に導かれ、そしてその人の学問や教養の高さの中からやがて真の優雅さが、身についてゆくものではないかと考えています。それはやがて日本においては歴史を振り返るまでもなく、文化（芸術）となって昇華しているわけです。

ところが現在、この優雅さというものが、よく〝優雅な生活〟などと言われるように、便利さ、楽な、豪華なという贅沢な意味にすり換えられつつあるように感じるのです。

読売新聞に『幸せを作る科学技術とは何か』と題し、次のような内容の文が掲載されていました。それによると、

「10月23日に発表された平成二年度、科学技術白書に科学技術の役割を生活者の立場から分析し、次のように書いている。……注意すべきは科学技術の進歩の光が強くなればなるほど、その影も濃くなる。たとえば医学の進歩は長寿だけでなく、寝たきり老人も増加させた。また、東京・ニューヨーク間を一時間で結ぶ超高速旅客機が実用化されれば、世界の主要都市は一日の活動圏になり、実現が期待されると書いている。だが、いいことばかりではない。真昼の東京をたって一時間で真夜中のニューヨークに着いて、仕事になるだろうか。却って疲れを増すかも知れない。……あらゆる分野でそうなってくると、技術の進歩についていける人と落ちこぼれる人に二極分化させかねない。……いま進行中の地球環境破壊は、われわれが豊かな生活を求めた結果だと言える。白書は、環境に負担をかけない技術の開発が必要だと強調している。……豊かな生活と引きかえに、環境や

人の心を荒廃させてはならない」

この文中にある豊かな生活というのが、先に述べた優雅な生活ということでしょう。しかしながらそれは物質的な豊かさであって、それのあくなき追求によって人間本来の心の豊かさの方は徐々に失なわれつつあるのです。

ではどうしたら心の豊かさを取り戻せるのでしょうか。答えは簡単です。人間本来の生活をすること。すなわち我儘や便利さを捨て去ることです。このままとめどもなく便利さを追い求めるならば、益々、人間らしさ（優雅）というのを消失してしまうのと同時に、自然環境（風流）をもその手によって破壊してしまうのではないかと危惧します。さらにはそれによってそれらの言葉さえも死語と化してしまうかも知れません。

言い換えれば、結局、それは欲望との戦いなのです。それをいかに抑えるかということが、本来の人間らしさを取り戻す最も近道なのではないかと思います。しかし一度たりとも贅沢な味を覚えてしまうと、本来の質素な生活にもどすことはなかなか大変なことではあるのです。仏道はこれとの戦いと言えるかも知れません。

約180名の講義の時間に学生に「甍（いらか）という言葉の意味を知っているか」と尋ねてみると、その中の僅か数名が「瓦です」と答えました。♪甍の波に雲の波……、いわゆる『こいのぼり』という歌を思い出せば、かつては誰でも自然と口ずさんでいた言葉です。ところがこの日本人に親しまれている歌が文部省唱歌から外されて久しい。何故かと言えば、現在では〝甍〟という言葉は使わないので現実に即しないという理由からだそうです。

しかしながらこの歌詞は、屋根瓦を波にたとえ、そこにこいのぼりが風に舞っている（泳いでいる）情景をイメージさせるに素晴らしい歌詞なのです。そういったところから風流、優雅さを感じさせる感性が育まれるものですが、少年時代におけるその端緒さえもつみとってしまおうとしていることに気がついていないのです。

現在の学校教育においてもしかりで、本来、人間の感性を磨く場でなければならないのに、逆にそれを否定してしまっているように思えるのです。

〝殺〟とは相手の力を減退させること

前置きがやや長くなりましたが、以上の点をふまえた上で、〝三殺法〟ということについて考えてみたいと思います。

まず、高野佐三郎先生の『剣道』より、それについて述べられている部分をここに抜粋しておきましょう。

「敵を挫くに三法あり。刀を殺し、業を殺し、氣を殺す是れなり。刀を殺すといふは敵の刀を左右に押さへ、或は拂ひ落しなどして自由に使用せしめざるをいふ。業を殺すといふは我より鋭く撃ち懸け突き懸け、假令撃突の外づるゝとも顧みずして奮進し、敵に接近するや透間無く足搦を懸け、捻ぢ倒し或は體當りを爲し敵をして防禦に力を費し業を施すの遑なからしむるを謂ふ。斯の如くすれば如何に氣の猛く業の素早き者も其の勢に挫かれ業を出し得ざるものなり。斯の方法により勇敢に働き、敵の起り頭を押さへて常に先に出づる時は、敵はわが勇氣に恐れ氣を奪はれ甚だ戦ひよくなるものなり。然れども未熟なるものが之を試むれば却て破綻を招くに至る事あり。修練の効を積みての上の工夫と知るべし。これを三つの挫きとも謂ふ」

〝三殺法〟――、「殺」という文字がその言葉の中心にどっかりと座っているだけに、言葉そのものからは、なにやらぶっそうで殺伐とした印象を受けます。先に述べた風流、優雅さという言葉とは、全く縁遠くも感じられます。

が、「殺」という文字を検証してみると、「ころす」という意味の他に、「そぐ、へらす（そぎとって量や大きさをへらす、無くする）」という意味があります。いわば、相手の力を減退させるということでしょう。すなわち自らの働きかけによって、まず相手の剣の力をそぎ（減退させ）、業をそぎ（減退させ）、気をそぐ（減退させる）ということではないかと思います。審判規則における「相殺」の意味も〝お互いに差引きして「ゼロ」にすること〟と辞典には説明されています。

大自然には美しさ、優しさ、あるいは暖かさなどとともに、想像を絶するほどの厳しさ、激しさ、いわゆる非情さというものも含んでいます。すなわち自然の要素を内包する風流、そしてそれに含まれる優雅さという言葉には、単なる雅《みやび》さ、華やかさだけではなく、厳しさ、激しさという要素に裏づけされたものをもって、そういうのではないかと思うのです。これを味わわずして真の優雅さは身につかないものだと思います。

そう捉えるならば、この三殺法というのは、剣道の厳しさを表現する内容のものと言えるかも知れません。その厳しさというのは、まず戦いに勝つということです。戦いを有利に導く。三殺法とはそのための手段であり、業前における手順ではないかと思います。その厳しさ故の、風流、優雅であると言えないでしょうか。

ところが現代剣道は、この真剣なる厳しい手順を全く無視してしまっているので、それらが微じんも感じられないのです。剣道とは「業を出すまでが剣道で業を出したら運動となる」の言葉は至言と言えます。この「業を出す」を「攻め崩す」と置き換えてみては如何でしょう。

過去にも何度か述べてきましたが、我々一門の根本なる訓えは「もののあわれを感じ、風流で、優雅さがあり、思いやりのある日本人たれ」です。この訓えが私の剣道観の根底に常に流れているので、三殺法というのも、そういった角度から捉えているのです。

すなわち俗にいう誤解された悪しき意味のスポーツ剣道＝撓競技から取り組み始めた人が捉える三殺法とは、根本的に違うのではないかと自負しています。スポーツ剣道、いわゆる勝敗に最大の重点を置いて取り組む人というのは、この三殺法を勘違いして捉え、さらに殺伐さを増したものになるのではないかという危険性もなきにしもあらずです。

味がある、味がないと言われるのは、自惚《うぬぼ》れと言われるかも知れませんが、その剣道観の発するが故に生じた結果ではないかと思います。スピード、体力というものには限界がありますが、味がさらにさらにと深みを増すことには限界はないと思うのです。

たとえば味の根元を成す鰹節や昆布の出汁《だし》は何故、美味この上もないのか、世界に誇る日本料理の根幹を成す訳はと考えた時、私は広大なる黒潮の海洋を生涯一瞬たりとも留まることなく回遊する鰹を遠洋に船を漕ぎ出し、またはるか北海の親潮にもまれ育った昆布を最果ての地に求めることによる大自然の厳しさ、激しさ故の宝物だと考えていて、そこに価値観を見出しています。

剣道とはその味と味とが融合することによって、さらに未知の味を生み出すものではないでしょうか。ところが昨今の剣道というのはインスタント食品ではありませんが、化学的で、即席的で、全く味が浅く、すぐに飽きてしまうのです。すなわち三殺法という真剣なる厳しい手順を踏んでいないからなのです。

剣道が芸術である所以は矛盾のなさ

日本の剣道がある意味で非常に個性的であり、素晴しいと思う点は、竹刀唯一本で相手と相対し、戦いを挑むということです。ここにこそ日本人の精神を垣間見ることができます。

ところがその一方で、西洋や中国などでは、片手に矛《ほこ》(両刃の剣に長い柄をつけた武器)を、もう一方の手には盾《たて》をもっての戦いです。現在では機動隊などでもそうですが、盾によって身を護っています。

果たして何故、剣道はそうしなかったのでしょうか。そうしても良かったと思うのですが……。

矛と盾と言えば、中国の韓非子における次のような話が想い出されます。

「むかし楚《そ》の商人に矛と盾を売るものがあった。矛を求める客には『この矛はまったく切れ味がすばらしく、どんな盾だってこれをよくとおさないものはない』といい、逆に盾を買おうとする客にむかっては『この盾の出来はとても堅牢無比《けんろうむひ》なもので、どんな矛をもってきてもこれをつらぬくことはとうていできるわけはない』とじまんかたがたの口上を切ったものだが、かたわらでそれをきいていたある人が『ではその矛で、その盾を突いたらどういうことになるだろう。どちらが勝つだろう』といったところ、さすが商売にかけては抜目のないこの商人も、このまともな質問にあってはまったく閉口してしまいトッサの返答に窮《きゅう》したという」

この故事からでたことばであって、すべて道理のとおらない、たがいに話がくいちがったふたつの事柄をとりあげていうばあい「矛盾する」というようになったのである

（ことばの事典／講談社より）

日本の真の剣道にはこの矛盾がないのです。だからそこには厳しさというものがひしひしと感じられます。敢えて刀一つ、あるいは竹刀一本ですべてを解決しようとしている。すなわちそれが〝攻防一体〟などと言われる所以ではないでしょうか。そのことが技術を高め、さらには精神をも高めていった（気を錬る）のでしょう。まさに三殺法に通じるではありませんか。そしてそのことがまた西洋の「打ってよし、受けてよし」に対して「打ってよし、返してよし」などとも言われる

所以であると思います。このことは、日本刀の世界に優れた機能を有し、その姿の芸術的価値から鑑みて、その極意は真に「鎬《しのぎ》」の働きにあるのです。この鎬の作用を生かすか殺すかが、今後の剣道の発展か否かにかかわっていて、そこに優美さと厳しさが背中合わせにあるのです。

そして厳しいが故に、勝敗の分かれ目というのは紙一重、非常に瞬間的なものです。その瞬間を制するために、この三殺法という手順を踏むわけです。何故ならば、それが一番安全な方法であるからです。しかしながらその三殺法を確かなものにするためには、千日の行を要するのです。そして、その手順が業前として深く表現され、千日の行が凝縮されて一瞬の行としても表現される。これが私が剣道は芸術であると断言する所以です。

一瞬のことだから、ほんの少しやればいいというものではありません。その正反対で、一瞬に決まるからこそ、それを自分に確かなものにするために、千日の行を要するのです。「修行は千日の行、勝負は一瞬の行」が大切なのです。この辺りに労を惜しまない日本人の勤勉な精神がよく映し出されているのではないかと感じます。

ところが現代社会に目を移してみると、この勤勉さが禍いしているというのでしょうか。先に述べたように便利、営利の追求で、それによって恩恵に浴した人達は最も大切な過程を忘れてしまっているのです。そして結果のみを論ずるようになってしまっているのです。そしてややもすると、三殺法を使う暇があるなら、いきなり打った方が楽で簡単なのだという考え方が主流なのです。当然、そのものの本質というのも徐々に徐々に見失われていると思われます。

すなわち現在は〝剣を殺す〟と言っても、その殺し方の本質を知らないでいる。ただ単に現象面のみを頼りに、それは相手の竹刀を押えることと単純に捉えてしまっているのです。しかしそう捉えてしまうのも、現代の競技主流の剣道界においては無理のないことかも知れません。

すなわち最大の理由はやはり、刀を持って相対したことがないということでしょうね。

先日、学生たちとの勉強会で、悪しき意味に使われているスポーツ剣道と武道の剣道とは、一体、何がどのように違うのだろう。それを考察してみようと思い、居合刀と古い棒切れを持ってこさせて、次のような試みをしてみました。

その棒に、漠然とではいけないと思い、任意の箇所に印をつけ、真顔で真剣な口調で一人の学生に「私の持っている棒のここを狙って斬ってみなさい。振りかぶった際、剣先が天井に当たるので気をつけて……。間違って私の手を斬らないように」そう言って……。その場の雰囲気を緊張感一杯に包みました。そして最初は黙っておいて斬らせてみると、僅かに傷がついたのみで、しかも印の位置より数㎝ズレたところでした。

そこで「目標を外さないように注意して、もう一度」と言って、その学生が気持ちを新たに振りかぶろうとしたところで「待て！」と声をかけ、本人に「今、何をしようとしていたのか」と尋ねてみました。すると「斬ろうとしていました」という当たり前の解答しか出てこない。固唾を呑んでそれを見守っていた他の学生しかりです。

「剣道というのは未発の事物を察知する修錬が究極の目的である。すなわち相手の心を読むこと。

先々の先の兆を察知することが大切である。私が一体、何を考えて、何のためにそれをやらせているか、ただ漠然と取り組む、見守るだけでは進歩はないぞ」とハッパをかけ、「ではもう一度」と言って先程と同様に途中で「待て！」と動作を中断させ、「今、何を考えていたのか」と尋ねてみました。が、まだ答えが見出せない。するとしばらくして、それを見守っていた学生の中の一人が「集中しようとしていたのではないでしょうか」と言った。「ではその集中の源は一体、何だろう」「気です」「気の源は」「……」分からない。

そこで学生たちを振り返り、「彼の今の状態は、道場で稽古している時と明らかに違う。いつもは竹刀が忙しく震え、足はただ意味もなく小刻みに前後して動いているが、それは全く震えていなかった。すなわち真剣という感覚をもって臨んでいることがまず違う。ここに根本的な違いが隠されている。すなわち『呼吸』だ。今、彼はそれを整え、真剣に合わせようとしていた。たとえ斬る対象が木の棒であっても、精神を集中し、それに向っていた。いつもと目の色まで違っている。果たして竹刀を持っての普段の稽古ではどうだろう。その時の状態と今の状態を自分自身で振り返ってみれば、剣道の二面性というのを感じるはずだ。」

タイミング的で忙《せわ》しい動きは点でもって相手を打とうとし、呼吸（気）による剣道は線でもって相手をとらえようとする深さに相違する重大性があるのです。ここに生涯剣道も存在すると信じます。

柔道において、〝柔よく剛を制す〟とよく言われます。この言葉の意味は今、小さい選手が大きな選手をその力を利用して投げるというふうに解釈されています。が、果たしてそれが真理なのでしょうか。ある意味で柔道が行き詰ってしまっているのは、その解釈から一歩も抜け出せないでいるからではないかと思います。いわゆる〝小よく大を制す〟です。

小さい選手が自分よりはるかに体力に勝る大きな選手をつかんで投げ飛ばすというのは、同じように稽古に取り組んでいる者同士ならば、やはり不可能に近い。正直、限界があるものです。小さい選手が一般の体格のよい人を投げて、それをもって〝柔よく剛を制す〟とは言いません。

そこで子供同士の喧嘩を例にとってみると、どうしてこんな大きな子があんな小さな子にいじめられて泣いているのだろうという様子を我々はよく見かけます。それは「気」で呑まれているからです。

柔道でいう〝柔よく剛を制す〟には、その気が省略されているような気がするのです。しかしながらたとえそのことをふまえてみたとしても、柔道はお互いに柔道着をつかみ合うということが、実はその競技の最大のネックになって、芸道への昇華は困難ではないかと考えられます。すなわちつかみ合うということは、体力的な要素が勝敗の大部分を左右するからです。

そう考えるならば、体重制を設けたというのもなんとなく頷けます。矛盾がなければ、それを設ける必要はありません。諸外国への普及ということも、その理由の一端と思われますが、武道性への限界を感じ、日本人自らが設けざるを得なくなって、設けられたとは言えないでしょうか。細かいポイント制のルールしかりです。競技には限界があるのです。そして先天的な素質によるところが大きい。

ところが相撲においては〝回し〟褌（ふんどし）一本です。それしかない。それが技術の高さを生み、さらには気をも呼び起こしているのではないかと考えます。そこには先に述べた矛と盾ではありませんが、矛盾は一切排除されている。矛盾がないので、気という要素が大きくクローズアップされてくるのではないでしょうか。味があると言われる所以でもあります。小さな力士が大きな力士を倒すことだってあります。小さな大横綱、千代の富士がそれを見事に証明しています。ただ相撲の場合も、それに取り組む年齢には限界があるようです。

剣道の世界では、とくに全日本選手権大会などの個人戦では連覇はないとよく言われます。それはある意味では、剣道には相撲以上に矛盾がないので、という理由によるものかも知れません。すなわち気という要素がそこでは大きく左右してくるからだと思います。気はとても不安定でもあります。そして同時に、剣と技にも微妙に影響を及ぼすものでもあるからです。しかしながら剣の理法の修錬（三殺法）によって気を養うことができ、それがまた人間本来の感性を育てるということに結びつき、さらには日常生活まで生かされるのです。これがいわゆる「浩然の気」なのです。

私の最終的な考え方というのは、この三殺法ということにしても、それが世の中にどのように生かされていくかということです。しかしながら現代剣道を振り返る時、果たして剣道をやっていて良かったと晩年において実感できる人は、どのくらいいるでしょうか。剣道の実生活に生かされる要素をどんどん排除してしまってはいないでしょうか。これでは剣道もいずれは体力の限界とともに引退という現実もそう遠くない時期に訪れるかも知れません。現実に小学生の中学校での、中学生の高校での更に高校生の大学での剣道離れは深刻な問題ともなっているのです。減少のため団体戦を組めない現状が各校におきているのです。

そうならないためにも、まず剣の心というものをしっかり認識し、三殺法による真正面からのぶつかり合い、その正しい厳しさによって、「もののあわれを感じ、風流で、優雅さがあり、思いやりのある日本人」が育まれるのではないかと信じます。

第十六章　全日本剣道選手権大会再検証

11月3日（祝）、文化の日、今年度（平成二年）も例年の通り、日本武道館において全日本剣道選手権大会が開催されました。

この「文化の日」に開催されるということの意義を根底に、今大会を振り返って検証してみると、さまざまな問題点が浮かび上ってくることに気がつきます。まず本大会が文化であるが故に、この日を選ばれたと意識されている人の少ないことからも問題の出発点と考えていただきたいのですが……。

今大会が11月3日に指定されるようになったのは、昭和57年の第30回大会からです。それ以降、第32回大会（59年）において出場資格に六段以上という制限が設けられ、同時に判定制度が導入されました。さらに63年には檜舞台が撤廃される。そして今年は、出場資格が五段以上と緩和され、1、2回戦は2試合場で開催されるようになりました。その間、上段に対して胸突きを採用するなど正々堂々・公明正大はいったいどこへ行ったのでしょう。

今大会は剣道界において、また一般の人達からも、日本一というヒーローを生む意味で、最も注目度の高い大会です。テレビ放映や他の報道の扱い方を見ても、それは他の大会に比較して顕著です。

ところがこの8年間で、前述の通り、さまざまな改正が試みられており、未だ試行錯誤の状態から脱しきれていないようなのです。いわゆる一般の人達に剣道を知らしめるという意味でも最大にして最高の大会であるのに、その大会において、未だ確かな価値観を捉えきれずにいるのです。ひいてはそれは剣道そのものの迷いといっても過言ではないと思います。

迷走する剣道

「剣道は伝統ある日本古来のものである」と剣道家は、剣道とスポーツとは一線を画しているという意味を含みながら、誇りをもっています。では、一体、現代剣道を振り返ってみて、どこに伝統、あるいは文化のにおいが継承されているのでしょうか。改めてそう尋ねられると、答えに窮してしまうのが現状ではないでしょうか。すなわち剣道という名の下で漠然とそういった思い込みがあるだけで錯覚を起こしているのではないでしょうか。

戦後、剣道が復活し、普及されていった当時の状況を振り返ってみると、スポーツという枠の中に仲間入りしたことによるところの今日の発展と言えるのです。すなわち、西洋のスポーツ的要素を多分に含んだ、いわば新しく生まれ変った剣道をもって、日本古来のものと言えるのでしょうか。外見のみは変わらず、中味の伴っていないものをもって日本古来のものとは言わないはずです。

「格技から武道」への名称変更問題もしかりです。

そのことが、今日に至るまで尾を引き、解決されないために、全日本選手権の価値観、ひいては剣道そのものの価値が今もって定まらない要因であると考えられます。明けても暮れても竹刀ばかり振り回していても、その価値観が定まらなければ、真の剣道は帰ってはきません。

スポーツにおける戦いというのは、まず体力的、年齢的な基準を設けることによって矛盾を排除した（あらゆる諸条件を均一化する）後、勝敗を争うことを第一義としています。いわゆるフェアプレー、公明正大という精神の表れでしょう。従ってそこにはまた細かいルールが存在します。柔道が体重制、ポイント制を設けていることなどはその好例ではないでしょうか。その意味で柔道はもう完全なスポーツと言ってよいでしょう。競技そのものの内容に矛盾が生じざるを得ない要素を含んでいるので、そこに細かい制約やルールを設けざるを得ないのです。

そのことをふまえた上で剣道に目を転じてみると、今回、剣道も出場資格を五段以上に緩和したとはいいながら、未だ制限を設けているということは、実はスポーツ的発想によるものではないかという気がします。果たして、真剣勝負に、囲碁や将棋や芸術の世界に年齢の垣根があるのでしょうか。このことは後述することによって、さらに深く検証してみたいと思います。

また、場をつくるという意味においても、今大会のように二会場で行なうということは、まるで消化試合であり、観る方も落ち着かず、集中できず、中には「1回戦が終わるまでひと息入れてくるよ」という観客も多数いて、会場の売店やレストランが盛況だったのからもうなずけます。これもまたスポーツ的観戦の発想によるところではないでしょうか。さらには試合場を取り囲む広告の看板、審判員の服装等、剣道は日本の誇りある文化であると口では言いながら、実はスポーツの域を何一つとして脱せず、逆に目に映じるものまでも、何の違和感もなくそれに追随しつつあるのです。近い将来マラソン選手のように、背中や垂の下（ゼッケン）にスポンサーの広告をつけて、試合場に登場する選手の姿が見られるようになるかも知れません。剣道も水や空気のみでは生きられないという営業本位を打ち出すならば、それで結構なこととあきらめる人もありましょうが……。

アマチュア相撲を思い浮かべてみて下さい。それの審判（行司）の服装は、白のカッターシャツに白ズボン、白い手袋、そしてなんと蝶ネクタイをしめています。さらに足下はというと、スニーカーやスリッパをはいており、ちぐはぐな服装です。それと大相撲の行司を見比べれば、侍の着装であり、手に軍配で結果を排します。果たしてどちらに違和感を感じるでしょうか。大相撲の場合は、流石に日本の伝統美というものを大事にしているということが分かります。髪は大銀杏髷。その反面、アマチュアの相撲界では、競技主体のスポーツ的傾向を推し進めることによって、風流・優雅さの心が失なわれているということが言えるのではないかと思います。アマチュアは競技主体だからと割り切っている所以なのかも知れませんが、それにしても本物の姿を知っているだけに、アマチュア相撲の審判には、我々は違和感を感じざるを得ません。

剣道も言ってみれば、その状態に似てはいないでしょうか。現在の教士八段以上の方で紋付、袴を持っておられない方はおそらくいないと思います。

その意味において、選手同様、審判員自身にとっても晴れの舞台であるという意識にやや欠けていないだろうかという気がします。まず、指導者の立場である審判員自らが率先垂範することによって、試合者を教え導かなければならないと思うのですが、現在のあり方は、剣道は警察柔道に影響を受け、スポーツらしく紺のブレザーに灰色のズボン、靴下も紺色、紅白の旗。京都武徳殿においてもブレザー・背広姿に変わりありません。神前、玉座のある最も神聖な武徳殿においても省略スタイルなのです。指導者自らがスポーツ的傾向をさらに率先垂範しつつあるのです。個々人が気づかないうちに。

審判、そして先に述べた試合場の設営の方法など、昨今の試合内容の低下を議論する前に、その低下を生み出した、さらにそのことに加速をつけた要因を再検討しなおさなければならないと思います。そうでなければ、スポーツから徐々に脱皮するどころか、運営、内容面に関して、益々、その傾向を強くしていくのではないかと思います。

その意味で、全日本選手権大会における六段以上から五段以上への出場資格の緩和は、評価できると思います。何故なら、武道本来の戦いのあり方に一歩立ち返ったからと考えるからです。ただその反面、どうして出場選手数が増えたのか、理解に苦しみます。

とくに東京代表は、4名から6名へ定員増となりましたが、これは選手権そのものの価値を薄めているような気がしてなりません。おそらくこのことは、各都道府県の剣道人口を考慮し、広く機会を与えるということなのでしょうが、意味を取り違えてはいないでしょうか。すなわちそれは各都道府県の予選の段階でその枠（出場制限を緩和撤廃）を広げると解釈すべきであり、本選の出場選手はできる限り、厳選すべきだと思います。

学生の関東大会などの優勝者のインタビューを雑誌などで読むと、判で押したように「全日本（学生選手権）への出場を決めてから以降の試合はのびのびと戦えました。それが好結果を生んだのではないかと思います。云々」という感想を述べています。あるいは準々決勝あたりで敗れた選手は「とりあえず全日本出場を決めたので……」と、その出場を決めた時点で満足してしまっているのです。もちろんそれぞれのレベルによって目標とするところは異なりますが、全体的な傾向として、目標はあくまでも最高のところに据えるという良い意味での執着心に欠けているのです。これも明るく、楽しくというスポーツ的傾向が生んだ現代感覚ということが言えるでしょう。

全日本選手権も激戦区・東京代表が6名というと、出場選手の誇りある意識も、またそれを観戦する人もそれに対する意識が六等分されるのですから、薄まってくるのではないかと思います。この人口密度に対する出場選手数の割り出しというあたりにも、スポーツ的感覚を感じます。

予選における出場枠の拡大と本戦の出場枠拡大とは別問題と考えます。このことは世界選手権予選あるいは候補選手枠拡大と本戦出場人数枠とは別問題で、あくまでも本戦は厳選された人数のみで戦い、勝ち抜いてこそ厳しい戦いの価値観も存在するものと信じます。厳選された少人数で臨んでほしい（私の時代は3名で、3位決定戦で涙をのんだ思い出があり）し、価値観も高くなり、ぜひ一会場の檜舞台を再現してもらいたいと願うばかりです。

武道の本質を探る

武道における戦いというのは、本来、非情なものです。妙な情けをかけてしまっては、逆に足もとをすくわれてしまう。そのことが試合内容の低下ということにも表われているのではないでしょうか。

生死をかけた戦いにおいては、辻斬りに斬られてしまえば、名人も結果的にはただの人なのです。昭和63年にソウルで開催された世界選手権大会において、韓国の台頭に慌てふためいてしまったのは、それまでの国内の指導が生ぬるかったからです。国内において正しく厳しい指導が成されていれば、泰然自若としていればよいのです。

剣道の試合は盆踊りの発表会ではありません。私は剣道は芸術であると、繰り返し述べてきましたが、そこのところを勘違いしてはなりません。

今まさに戦っているという試合の場において、剣道は芸術であるなどと意識して戦っている人などいないはずです。誰もが「そんな余裕などない」と答えるに決まっています。

ただ結果的に、第三者がその戦いぶりを見て、芸術と感じさせる人がいるやも知れません。おそらくその人は日々の日常生活からそれを心懸けて取り組んでいるのでしょう。要は心懸けの意識の問題であり、学識の問題なのです。諸芸ごとの作法は間違いなく文化です。

私は学生に「道場に来るまでは真面目で結構。が、真面目はその入口の手前まで。そこから先は生死を分かつ修羅場と心得なさい。そして生き残って帰ること。たとえ片腕をとられても、相手に致命傷を与えて生還してくる。その非情さが戦いである」ということを言っています。

私自身も戦いの場においては「立派な姿勢態度で……」ということは意識の外にあり、平常の稽古の場において意識して修行すべきものと考えています。そして戦いでは意識せずとも立派な姿勢態度になっていなくては本物とは言えないでしょう。攻めと、打ってよし返してよしの一点に意識は集中している。先に述べたように、それは普段から心懸けていることであって、正しい剣道観の成せる業で戦いの最中に、「立派な……」ということを意識しているようでは、簡単に敗れてしまうに違いありません。そう意識することが既に無心ではないということです。

「修行は千日の行、勝負は一瞬の行」と言われますが、修羅場をくぐり抜けた正しく激しく厳しい修錬なくして優雅に遣うことなど不可能です。千日の修行の中に無駄があればあるほど、それは格好だけの腑抜けたもので、すぐに化けの皮がはがれてしまうでしょう。すなわち修羅場を抜けなければ、剣道に取り組む人の本体はでき上がらないということです。

京都大会における立会などがそれでしょうね。修羅場を抜けて徐々に徐々に芸術性へと昇華されていく、いわば第二の修行段階ということではないでしょうか。内藤高治先生が「高段者の立会で勝負を採ってはならない」と言われた所以ではないかとも思います。すなわち勝負を超越した段階です。だからまず、一つ一つ手順を踏んでいこうとし、その結果、当たれば良し、たとえ当たらなくても、どこまで相手を攻め切ったかという、いわゆる自らの総合力を計るのが剣道における立会の意義ではないかと思います。その意味合いから審判一人で「拝見」の言葉から始まるのです。

この辺りのことが、最も誤解を招き易い、剣道のみが持つ特性ではないでしょうか。

さらに具体的に述べるならば、試合には生死、すなわち勝敗を分かつという断定が下されます。

しかしながら京都大会や全日本東西対抗などでは、勝敗を超越した自らの表現内容に重点が置かれている。いわゆる「皮を切らせて肉を切り、肉を切らせて骨を断つ」という、ある意味で捨て身の精神が生きているのではないでしょうか。その結果として勝敗が分かれるということだと思います。

本来、試合においても、この精神が生かされればよいのですが、とくにトーナメントで勝ち進んでいくような試合においては、いかに皮を切らせずに、ましてや肉を切らせずに戦うか。切られてしまっては死んでしまう（負けてしまう）という恐れがあるので、割り切れないのです。

要は審判なのです。正しい有効打突の見極めができるかどうかなのです。試合者が審判員に対してさわられても採られるという疑心暗鬼の状態でいることが、試合内容の低下ということに、目に見えないところで結びついているのではないかと考えます。

今大会においても、印象に残った試合、あるいは選手というのはほんの少数でした。果たして何故、こうも印象に残る試合が少ないのでしょうか。

それは勝ちに徹した試合をしていないためです。勝ちに徹しているからこそ、見事に負けることもある。さらに勝ちに徹しているからこそ、繰り出される技も純粋でケレン味がないのです。感動はその純粋さから生まれてくるものではないでしょうか。

ところが大半の試合が負けまい、打たれまいという潜在意識が強く働いているのです。負けまいとするやや防御に偏った試合は、いわゆる雑念が生じ易く、どうしても無理、無駄が多くなるものです。すると必然的に試合時間も長くなる。その負けてはならないという試合を演じた最も端的な例が、先に述べた世界選手権大会における日本選手陣の戦いぶりではなかったでしょうか。

その試合の場において勝ちに徹するか、負けまいとするか。そこに日々の修錬に対する取り組み方の差が生じるのです。すなわち戦いを、稽古を修羅場と心得ているかどうかということです。

その誰も助けてはくれない厳しい修羅場の中で練りに練られた結果が、繰り返し述べるように、芸道へと次第次第に昇華されてゆくのです。それによって真の風流、優雅さが培われ、体内から外に向って知らず知らずのうちに放射されるのではないでしょうか。

その修羅場の中にあって、たくましく生き抜くためには、日々の正しい心懸けがものをいうのです。やはり最後は正義が勝つ、すなわち基本が勝つです。その基本（正義）か否かを判断し、正しい方向へ導くのが指導者であり、また審判員の役目ではないでしょうか。

ところがしゃがみ込んで打った技や、刃筋の通っていない技、あるいは皮を切ったような技（すなわち死に至らしめていない技）を採ったりするので、卑しい心根での戦いとなり、卑しい技が飛びかい、次元の低い試合・審判となる。修羅場における野性的な戦いから一向に昇華されないでいるのです。

しかしながら剣道における戦いというのは、実はそのほとんどが恐くなって、苦しくなって打っていく場合がほとんどです。自分が勝ち誇って（攻め勝って）のち、攻め負けた相手が苦しまぎれに技を出そうとする兆しを打っていく技というのは少ないものです。

真剣に、正しい心懸けで取り組んでいればいるほど、そのことを痛感するはずです。だから剣道の分かっている人は無駄打ちをせず、一つ一つ手順を踏もうとするのです。そして万全を期したところで「面！」と一本打って終わる。だからこそその面の価値は高いのです。

初めからパン、パンと打ってしまってはその技の価値は半減し、見飽きてしまうものです。いいものは敢えて出さない。いや出そうと思っても、相手も必死にそれに立ち向ってこようとするのですからなかなか出せないものです。ドラマと同じで、クライマックスは一つか二つで十分なのです。剣道の本当の価値観を認識しているならば、そうならざるを得ないのです。

戦い、芸術、そして人間形成

今、ここに全剣連創立30周年記念大会のビデオがあります。現在の試合に感動しなくなって久しい人がもしこれを見ると、テレビの画面を通してですが、どの試合にも引き込まれて思わず見入ってしまいます。果たして現在の選手権等の試合と根本的に何が違うかと言えば、先に述べたように、純粋に勝ちに徹しているからであり、また日々の正しい心懸けによって培われた戦う精神が立派だからです。

呼吸はというと、生命を維持する最小限度に抑えているのみで、気（呼吸）の切れ目が少なく、その七、八割は気魄、攻めへと昇華され、ピーンと気が張りつまっている。まさに気と気の戦いです。互いに三殺法を駆使し、最善を尽くして攻める。しかし機会がなければ仕方ない、醜態はさらさない。さらして当たるものではないと知っているからです。無駄な鍔ぜり合いなどもほとんどありません。

たとえ一本先取しても、このまま時間をかせごうとする現在の卑しい考え方が微塵もなく、逆にその方から解消して堂々と戦おうとする気概が溢れている。すなわち真の「浩然の気」そのものの試合振りでぜひ見習いたいものです。また審判も卑しい技を寄せつけない高い見識を感じます。まして鍔ぜり合いで騙して打とうなど、ただの一度も見受けられません。

視点を変えて述べれば、熟練者の攻めというのは、臍下丹田から発する気が左拳を伝わって剣先より放射される、すなわち剣先の威圧感によって攻めるのです。ところが未熟な人は刃で脅（嚇）かそうとします。ここに違いがあるのです。

ただおどしにも、脅す、嚇す、恫す、そして威すなどがあり、力や品格によって自然に相手を屈伏させる〝威《たけし》〟でなければならないと思います。それが攻めということではないでしょうか。すなわち純粋で清浄な心を伴っているということです。そしてその者同士が戦えば、相和する。負けまいとする試合は、この「脅し、嚇し、恫し」という自分勝手な要素を多分に含んでいるのです。だから見苦しく思えてくるのです。

このように戦う精神が立派であれば、私はそこに段位制限は不要であると思います。段位制限とはすなわち年齢制限です。果たして先に提起したように、真剣勝負に、芸術に年齢制限があるのでしょうか。

全剣連創立30周年記念大会決勝●櫻木哲史選手が大野裕治選手に面を決めて栄冠を手にした

たとえば若くして芸域深く、円熟した剣風が判断できない為の一般論的発想からなる全日本出場の段位制限であり、若くして芸域広く、味わい深い剣風が読めぬ為の一般論的思考からなる年齢制限となっている昇段審査の制度を危惧するものです。現状の男子は20歳以上、三段以上、高校生は不可。女子は可能。

過去若年にして、範士の地位にあり、剣道界の発展に寄与した先人のことを思えば、悲しい現実ではあります。英才的素材を殺しているのが現状の制度といっても過言ではありません。

一芸に秀でた人というのは、まだ若い十代のうちからその才能を存分に発揮しているものです。才能は若いうちから磨けと言われる所以でもあります。またそれぞれの分野における芸歴という面から考察すると、たとえば3歳から始めた人と、高校から始めた人というのは、既に十数年の開きがあります。

すなわち剣道を芸道として捉え、その芸術性ということのみを追求するならば、たとえ同じ年齢の人であってもその芸を表現する術の高さにおいて、数段の開きがあるはずです。それを考慮した場合には、段位制限は不要であると必然的に言えないでしょうか。

また女子剣道の例を上げると、女子は高校、大学が中心の全日本選手権であり、男性は年齢を経なければ、剣道が未熟であり、一方、女性は若いほど剣道が高度であるとして出場を認めている矛盾さもあまり論議されていないのも不思議なことです。

ただ人間というのは、年齢とともに人生経験、社会体験を積み重ねていくことによって、味とか、色、においというものが加味されてくる。剣道理念に説く人間形成の道とは、そういうものなのでしょうが、それと戦いそのものにおける芸術性への昇華は似て否なるものではないかと思うのです。もちろんそれらが互いに作用し合って同行していくことが理想なのでしょうが、どちらかが先行したり、遅れたりして必ずしも一致していないのが現状ではないでしょうか。

今次の全日本選手権を観戦して、剣道には戦いという要素、芸術性という要素、さらに人間形成という要素が複雑に入り組んで明確化されていないということが、出場制限の問題や判定制度の不明確さとなっており、未だ試行錯誤を繰り返している最大の要因ではないかと痛感しました。それらを一つ一つ整理して、剣道の原点に立ち返って考察してみれば、自ずと真理は導き出せると思います。

言ってみれば、現在の剣道界の状況は、千手観音の手のみが何の脈絡もなくうごめいており、ご本尊が存在していない状態なのです。本体そのもの、いわゆる真理が地中に埋もれてしまって見出せない状態なのです。

以上の観点から考察してみて、私がここで一番力説したい点は、現在の大会が次元の低いスポーツ種目を模した運営に捉われていることを危惧しているのです。営利を上げるにも方法は種々存在するのです。伝統、文化を云々するのであれば、その方針を打ち出すならば、それはそれで高い次元で営利運営できるはずです。

それにはそのプロジェクトを組めば、可能なことだと考えられるし、大相撲や歌舞伎はその好例であり、世界で益々、脚光を浴びているのです。

この現状を打破する剣道学者や真の思想家は存在しないのでしょうか。日本の政界、財界の現状と等しく、やはり視野を広げて国内の過去（伝統・歴史）、現在と国外の現状とを多角的にもっと検討し、広く意見を求め、剣道の将来の根源たる正道を一刻も早く示唆しなければならない時期にあるものと思います。

第十七章　上段

上段に対する誤解

剣道の基本の構えは中段（正眼）であり、現代剣道においてはそれが主流を成しています。そのことを最も顕著な例として示しているのが昇段審査の場においてでしょう。

その場においては、普段の稽古や試合などでは上段をとっている人でも一様に中段で挑んでいます。それを剣道の基本に立ち返って、自らの技倆の程度を計るという意味に解釈するならば、十分に納得のいくことだと思いますが、実際のところはどうもそうではないようです。すなわち上段は試合においてのみ、勝ち易いためにとるという安易な考え方を基として、審査と試合とで使い分けている人が意外に多いという事実です。このことは剣道界の将来にとって、非常に危うい現実であると思います。

とくに高校の指導現場などにおいては、中段では望みがないから、あるいは上段は勝ち易いからという方便の下に、上段をとらせるケースが多いようです。そしてこの安易な発想が、多くの人に上段に対する誤解を生み出しているのです。

誤解が誤解を生んだということを端的に表わした例が、上段に対してのみ胸突きを認めるというルールの拡大です。上段からの打突は片手打ちの場合が多くみられ、より遠くから打てるということで、またあらかじめ振り上げているから有利なのだという誤解が定着し、そのことが僅か二、三年の修錬で勝ち易いから、逆の視点で捉えるならば、打たれてしまうからという隠された理由により、それをもって剣道と思われては、剣道が邪道に走ってしまう。そこで、そのことが顕著になるに従って何とか規制しなければならないということで、ルールの拡大を余儀なくされたのでしょう。

しかしながらこのルールの拡大は、明らかにスポーツ的発想によるところのものです。ところがそのスポーツ的発想が公平の原則にかなっていない。すなわち、前述した通り、上段に対してのみ、胸突きを認めるが、その相手である正眼に対してはそれは認めないというアンバランスを認めているのですからね。本来、一切の矛盾を排除したはずの生死を分かつ戦いにおいてハンディを認めるなど、武道的発想からすると、これほどの矛盾はありません。

かつて日本の男子バレーはミュンヘンオリンピックにおいて、もうこれだけはどうしようもないという体力、身長差のハンディを克服し、見事金メダルを獲得しました。すなわち日本人のみがもつ特徴を生かしてのAクイック、Bクイック、1人時間差などのコンビネーションを開発し、外国の大男たちを翻弄したのです。

ところが外国人たちは、それによって振り回されたものだから、それに対応できるルールを考えた挙句、オーバーネットしてブロックしてもよろしいというルール（スパイクの時は認められない）を新たに設けたのです。かつてはお家芸であった日本バレーは、そこから沈滞が始まりました。そして現在では、選手がアイドル化することによって、その人気を保っていると言えなくもありません。穿った見方をすれば、ルールによって取り残された結果、そこに活路を見出すしか術がなかったとも言えるでしょう。またかつて日本のお家芸と言われた水泳における平泳ぎの潜水泳法もあまりの考案者の無敵さについに潜水禁止となり、現在に至っているということは御承知の通りです。昨今では背泳ぎ潜水禁止もしかりです。

その意味において、スポーツにおけるルールというのは、〝両刃の剣〟的な要素をもっています。規制する一方で、真のものが姿を消していくのです。剣道における上段、あるいは最も顕著な例としては、二刀流がその好例ではないでしょうか。一刀より二刀は、数の上で有利なのだという発想もしかりです。

もっとも規制する以前に、上段とは何ぞや、どういうふうに勉強すべきかと、もっと学問的見地から考察すれば良いと思うのですが、それをしないですぐに試合に結びつけた結果、弊害が生じてきたからと、否定、規制しようとする。言い換えるならば、本来、試合・審判規則は不滅のものであるはずですが、剣道を学問として勉強せず、すぐに試合の勝った負けたに結びつけるので、新たに新たにと規制が生まれてくるのです。結果、二刀の小太刀の技は有効と認めないとの暗黙の了解が生じている。

それならば、剣道という学問の原点である日本剣道形の一本目の形などは廃止すべきはずです。一体、何のための上段なのでしょうか。形は審査用ではない、形を勉強せずして、剣道が分かるものかと言いながら、その一本目は上段です。そんな矛盾に全く気がついていないのです。剣道の原点に立ち返って考察してみれば、容易に答えは見出せると思うのですが、スポーツ的志向によって、矛盾が矛盾を生み、さらにまた矛盾を生んでいるのです。「民主・平等」を間違った意味で解釈した結果かも知れません。このことから「小太刀三本の形」も無意味ということになります。

結局、そういったことをきちっと整理して勉強する機会がないということが、さまざまな悲劇を生んでいるのではないでしょうか。それでは学問的見地から上段について考察してみたいと思います。

孫氏の兵法
彼を知り己を知れば、百戦して殆《あやう》からず

上段は火の構え、天の位と言われるように、その重要性というのは、先に述べたように、剣道形に示されている通りです。入学する上京の当日父に上段の意義・構えと位・作法を教わり、本格的に勉強し始めたのは、大学2年の後半からですが、その端緒というのは、中段の厚みを増すには、上段の気位が必要、その気位を中段の中にもっと取り入れていきたいということによります。

上段は、身体を相手にさらしているだけに、それ相当の気位が要求されます。まさに捨身の構えであり、何よりもまず気で相手を圧倒しなければならない。その意味において、気を錬るにはもってこいのものと思ったわけです。

炎の上段といわれた川添哲夫氏。昭和46年、国士舘大学４年生（21歳）で初出場した第19回全日本剣道選手権大会で学生として初めて栄冠に輝くという快挙を達成した。昭和63年３月、中国上海において高知学芸高校修学旅行同行中、列車事故に遭い38歳の若さで亡くなられた

また、剣道の中段の構えは、何と言われようとも、右手、右足前であり、右半身に片寄りがちなのです。しかしながら運動的には、左手、左足前の上段を学ぶことも、身体のバランスという面においても良いことではないかと思うのです。かといって私は上段をとることをすべての人に勧めているのではありません。真剣に剣道を学問として捉えた場合に、私には必要であったということです。

ただ、それをとるということの中で、どういう段階で、どういう考え方でとるのかということが問題であり、そこのところでさまざまな誤解が生じているのです。その意味においても、指導者の役割というのは重大です。しかしながら現状では、勝敗に拘泥したスポーツ感覚は指導者の間からなかなか取り除けない状況です。とくに中・高校の現場においてはそれが顕著です。そんな中で、正師を選ぶというのはなかなか至難の業とは言えないでしょうか。すなわち進学した先のクラブの先生が必然的に師となり、自ら求めて○○中学、△△高校に進学したという生徒も、あの学校は試合が強いからという類のものです。もちろん偶然の出会いがその生徒にとって生涯の正師となり得る場合もあるでしょうが……。

私は正眼＝中段のみで修錬を続けている人を決して批判するわけではありません。が、学問として剣道を捉えた場合、天の位を知らずして、中段における水の位のみでは、一生、完成には近づけないと思うのです。正眼＝中段だけでは学問をやり残すことになるのではないか。剣道という道をきわめるのは、剣道形に示されている通り、あらゆる形を実践してみるということが大事ではないかと思います。

二刀流に関しても同様であり、このままでは廃れてしまうので、もっと学問的に勉強してみようというものではない。それの復活をというと、すぐに試合に結びつけてしまうことが間違いを生む要因となっていることに気がついていないのです。

将来を目されているような若い人が、正眼という基本を疎かにして、いきなり上段や二刀流に取り組んで、「はい、これが剣道でございます」では、あまりにも悲劇的過ぎるのではないでしょうか。

また別の観点から捉えるならば、上段対中段の戦いというのは、孫子のいうところの「彼を知り己を知れば、百戦して殆《あやう》からず。彼を知らず己を知れば、一勝一負。彼を知らず己を知らざれば、戦ふ毎に必ず殆し」であるとも考えられます。中段が中段としか戦えないのは、これも悲劇だと思いますし、それこそ画一的なスポーツ的発想ではないでしょうか。

その意味で修行の目的としての大黒柱は中心にしっかり据えた上で、さまざまな戦い方を研究、実践し、自らの剣道の幅と厚みを増していくことが大事であると思います。

世界選手権（カナダ）がまた間近になってきましたが、前回の世界選手権（韓国）において、韓国の台頭に慌てふためいた反省をもとに、今回はさらに第1次選抜、第2次選抜……というそれ以前の過去の大会からは考えられない程の念の入れようのようです。大変結構なことですが、日頃より学問として剣道を捉えて真摯に不断の努力をしているならば、慌てふためく必要などなく、泰然自若としていればよいのです。何故、戦々恐々とするのか。繰り返し述べるように、剣道をすぐに試合結果に結びつけて考えてしまうからです。

すなわち剣道の幅と厚みというのを、韓国剣道のパワー溢れる剣道に対抗しうる若さと体力とスピード、それによるところの試合の勝率がより高いという数字をもって幅と厚みと捉えてはいないでしょうか。

現在、果たして韓国やヨーロッパの選手の中に上段の選手が存在しているかどうか定かではありませんが（少数は存在している）、スポーツ的発想からして勝ち易いと判断すれば、当然、研究に研究を重ねてくる（いる!?）はずです。その時に本家本元の日本の選手がそれに対する戦い方を心得ていなかったらどうでしょうか。相手の方が勝ちに徹しているだけに、打ち破られる可能性は大です。

そういう面では、世界は広い方が良いし、これまでにも韓国が四、五段の学生中心の選手で手強《てごわ》かったので日本も五段を出して応戦した。そんなことからも今回、全日本選手権を五段に下げたいきさつがあります。将来は学生も全日本の予選会に出場できるように配慮していただきたい。

これまで述べてきたことでお分かりいただけるように、上段をとるということに対して、最も危惧されるのは、生涯剣道として捉えた場合においてです。すなわちそれは相当な気力、体力が要求されるため、生涯を通してそれをとり続けるというのは不可能ということです。やはり剣道は正眼に始まって、最終的には正眼に終わる。これが正しい修錬のあり方だと思います。かつての上段の名人、中倉先生にしても、伊保先生にしてもしかり、生涯上段だった訳ではありません。立派な正眼を遣われておられることはご存知の通りです。その修錬の過程において、より正眼を深く探求するための上段なのです。

実際、上段の技術というのは、中段の深さに比べれば、それ程、深くはないのです。繰り返し述べている通り、気における分野の方により重点が置かれている。だから悪い言い方をすれば研究が浅ければすぐに飽きてしまうのです。気で攻め勝って振り下ろせば、打てるという簡単にして明瞭な感じです。その意味で芸を味わうという点からすると、消化不良を起こしかねないのです。

あっさりと述べてしまいましたが、誤解のないように付け加えれば、もちろんそれは正眼の基本をしっかりと身につけている人に限ってのことです。

私が上段をとる時、何を考えるかというと、正眼の時と同じようにやはり正中線です。心の中で正眼に構え、正中線をとり、相手の中心を攻め、自らの中心を守りつつ、相手を火焔で包み込み焼き尽くす気位です。上段が正眼に活かされる所以はここにあります。ところがこの正中線を無視し、すなわち基本である正眼の大切さを学ばず、体験せずして、いきなり上段をとった人というのは、相対した時の間がガラ空きの状態なのです。味わいや厳しさのあるないはここで決まります。それは人の眼には映りませんが、心の眼には感じとることができるものです。この心の正中線の存在が気位を育て、ひいては剣道が道の修行と言われる所以となるのではないかと思います。

このように上段は気の存在を知り、それを錬り、さらに養うためのものといっても過言ではないと思います。〝火〟は風上に回ってこそ威力を発揮するのです。言い換えれば、上段が火の構えと言われる所以は相手を風下に立たせる気位があったればこそということではないでしょうか。だから、風下を自らが選んで戦う上段というのは、私の上段論とは意見を異にします。まさに活き活きと燃えさかる上段でありたいものです。

呼吸と気

先日、関東地方で珍しく冬の嵐があった日、稽古終了後に、学生達に「どうして君たちが親子ほどの年齢差のあるこの私に打たれるのか。それは体力やスピードだけではない何かがあるからだ。その証拠の一端を今、示してみせるから、道場の明かりをすべて消してみなさい。そして稲妻が光った瞬間に〝ヤァー〟と大声で叫んでみなさい」ということを言いました。

すると座して二、三分経った頃に、それが一閃した。結果は私の方が先に叫んでいました。光を眼に感じる能力は同じであるはずなのにです。ではどうして発する声に僅かではあるが、時間的な差が生じたのでしょうか。それは彼らには光った次の瞬間に一瞬の空白があるからです。その空白の分だけ彼らの方が遅かったわけです。

ではその空白は何を意味するかというと、光ったことに対して、それを点で捉えているからで一瞬、驚いて気が途切れてしまっている。すなわち居ついてしまっているのです。戦いの場においても居ついたところを打たれる時は、これとほぼ同じ状態ではないでしょうか。打たれた次の瞬間にハッとしているものです。それでは私に居つきが生じなかった理由は何なのでしょうか。それは呼吸と気の流れです。私の場合のそれは、生命維持に必要な分だけで細く長く、さらに呼と吸のつなぎ目を最も大事にして気が途切れることのないように保っていたからです。そしてその瞬間を待つのではなく、つかまえようとしていたからです。

しかしながら、そのつかまえるまでの気持ちが点を線で捉えようとしているだけに、初心のうちはとても息苦しい。いわゆるその気持ちがある意味で剣道における互いの心の分野の戦いとも言えるのでしょう。そこで息を大きく吐いたり、吸ったりすれば、忽ちそれは相手にとって絶好の打突の機会になり、自らは敗北の瞬間を意味するのです。呼から吸、吸から呼のつなぎ目、つなぎ目、さらにそれをもっと縮小していけば、まばたきをした瞬間と感じるかも知れません。そこを捉え、また逆に捉えさせないのが剣道の醍醐味の一つと言えるでしょう。

一体、何故、互いに構え合っただけで上手の人に対しては息が上がってしまうのでしょうか。いわゆる心の分野の戦いですが、その理由は、その呼吸のつなぎ目、つなぎ目を攻められているからです。息をつなごうとするところをスーッと詰められ、また息をつなごうとするところをスーッと詰められるからです。すると安定した呼吸ができず、徐々にそれは乱れてくる。そして苦しくなって出ようとしたところや、それによって居ついたところを打たれてしまうのです。

しかしながらこの呼吸法に関しては、過去の古い書物などを繙《ひもと》いても、ほとんど説明されていないのが実情です。「撃込十徳」の中に、〝息合い長くなる〟とありますが、それが一体、どういう意味をもっているものなのか、我々はよくよく考えてみなければならないと思います。

数ヶ月前よりこの国士舘鶴川道場に、本校の体育学部を卒業し現在、生田高校で教鞭をとっておられる目黒俊夫（31歳）という先生が稽古に来られています。彼は学生時代はテニス部に所属していたそうですが、教師になってから剣道のクラブを任され、努力されて、三段を取得し、さらにもっと深く勉強したいと、勤務が終わった後、ここに通っているのです。

その彼の稽古ぶりというのは、これまでにはないタイプの剣道で、とくに懸かり稽古などはどこまでも縁が続き、基立ちが少しでも気を緩めようものなら、横からでもストーンと素早い技が飛んでくるのです。それはおそらくテニスのストロークや一瞬の気も抜けないボレー合戦が息合の長さに生かされたものだと思います。そして私と稽古をすると、3分間しかもたない。どうしてか。終始、懸かる稽古をすることによって、短い時間で燃焼し尽くしてしまうからです。

そしてその3分が4分にまでなるような稽古が本当の意味での剣道の幅と厚みを増すものだと思います。これこそが実力アップの稽古方法なのです。昔は互格稽古を上手の者にはしてもらえなかった、あるいはしようにも実力違いですぐに「懸かる稽古」になってしまったのですが、変な民主主義のとりちがえか、指導されてないせいか、互格稽古しかしない人が多いのも事実です。

私の上段は、大学時代に恩師大野操一郎先生に理合を、また警視庁名誉師範の小野十生先生には根本から基本を鍛えられたのが幸運でした。小野先生ご自身は上段はとられませんでしたが、私の上段を初めて認めて下さったのです。「上段を鍛えてあげるから掛かってきなさい」との御言葉をいただきました。当時、先生との稽古はたとえ互格稽古をしようと思ってもすぐに懸かり稽古となってしまうので、先生のところへは二の足を踏んでいる学生が多かったことも、私にとって幸いでした。

先生との稽古は前述したように、しばらくすると懸かり稽古になり、いよいよへたばって、さあ、そろそろ切り返しかという時に、「はい、そこから上段！」と言われて、さらに限界を超えたところで上段からの「懸かり稽古」でみっちり鍛えていただきました。私も血の気の多い方なのでなんとか打ってやろうと思い、打ち込んでいくのですが、すべての打突がきれいに切り落とされてしまうのです。それが何の抵抗もなく切り落とされるものですから、剣先が時に床に着いてしまうと、「どんなことがあっても床を切ってはならない」と言われ、みっちり丸一年近く鍛えていただき、それによって地力をつけることができたように思います。この小野先生との稽古は私にとって生涯忘れることのできないものでした。

こうした懸かる稽古によって、地力とともに気が培われるのだと思います。そして真剣勝負においては、それが必然的に気剣体一致の攻めとなって、大きな効力を発揮する。上段はそのうちの剣を頭上に振りかぶって、敢えて相手に体をさらして気で挑むものです。その意味では、逆にハンディを背負っていると言えます。が、そのハンディを克服することが気と間合の鍛錬となるのです。その気位を中段に生かしていくという精神で取り組むならば、否定されるべきものではないと思います。そして古来より左手、左足の鍛錬こそが保健体育学上からも、技術の向上からも大切なことなのです。要は立派な精神で取り組むという普段の心懸け次第ではないでしょうか。

第十八章　母について

一昨年（平成元年）の10月号で〝五島の剣〟について述べました。ところがその〝五島の剣〟を語る上において先送りしていたことが一つあります。それは〝母について〟です。母、志げは我々の五島の剣を陰で支える、ある意味では最大の功労者と言っても過言ではないでしょう。母、志げは戦中戦後、男四人、女三人、計七人の子の食料から衣服、いわゆる衣食住の生活苦を髪振り乱して、父が兵役で不在の時にも、何ひとつ不満を言わず、島中を歩き、幼子の手を引き、背負い、先祖の着物と食物の物々交換に野山を越え奔走した話に涙したものです。その時背負われていたのが私だと聞き、尚更感謝の念をもったものです。

母は、父の理想とする「剣道によって（国家）経論の原理を教え、日本民族の形成充実を期する。そしてその理想の人間像として『もののあわれを感じ、風流で優雅さがあり、思いやりのある日本人づくり』」の最も良き理解者である、ということです。

では、具体的に我々に対してどんな躾教育が成されたかと言うと、今瞬時にして思い出されるのは、「文字を書く時には、必ず右上がりの文字を書きなさい」ということと、「朝に強い子になりなさい」という二点です。

前者の場合は、母が繕い物をしている時など、私が宿題をする様子を時折、脇から垣間見て、そうでなかった場合には即座に、その声が飛んできたものです。

もう一方の「朝に強い子になりなさい」ということは、結果的に私という人間を形成してくれた人生の根本たる教えになったと思いますし、これからもまたそうなるであろうと確信しています。

今回はこの、母の「朝に強い子になれ」という訓えを客観的に捉え、母親の子供に対する躾教育ということについて話を進めていきたいと思います。

朝日を見たことのない子供達

生まれたばかりの子供というのは野生と同様です。その野生を昇華させ、人間らしい心を育んでいくというのが躾であり、母親の最大の仕事ではないでしょうか。すなわち心の交流（情操）や体の交流が直接的であるという意味において非常に重要な役目を担っているのです。

〝三つ子の魂百までも〟と言われるように、最も身近にいて、その子の将来に対して最大の影響を与えるのは母の力が大であり、それに勝るものはありません。

もとより自分のことを人に示すべきものではありませんが、母は躾に対してあれこれと口やかましくはありませんでした。本質的なことのみしか言わなかったように記憶しています。その意味においての「朝に強くなれ」、これこそが根本であり、今、改めて子供の頃を振り返ってみると、そのことが中心となって生活のあらゆる面に派生して役立っているように感じるのです。それが結論じみた私の信念の一つになっています。五島は日本の西端に存在するので都会から一時間半ほど朝日が遅いのです。

実際、今、教育者という立場になって、周辺を見わたしてみると、順調に育っている子と、そうでない子は果たしてどこが違うのかなと考えてみた場合、後者の子の中には朝に弱いというのが比較的多いようです。

昔から〝早起きは三文の徳〟とも言われます。朝一番というのは、いわばその日のスタートラインです。そのスタートをいつ切るかによって、その日一日が大きく左右されると言っても過言ではないでしょう。ひいてはその僅かずつの積み重ねが、長い人生には計り知れない程の大きな影響を及ぼしてくるものなのです。その意味において、朝に強くなるということは、〝初心忘るべからず〟ということを、日々繰り返し実行することに結びついてくると考えられないでしょうか。初心の継続により、本当に強い人間が形成されてくると思います。

それはそんなに難しいことではありません。が、継続して実践するのは非常に難しい。とくに冬の早起きなどは、最大の苦痛と言ってもよいでしょう。それによってある日突然、初心が途絶えてしまうものなのです。

昨今は情報過多となって、ラジオはもちろんのこととして、テレビも深夜から夜明けにかけてまで、すなわち終日にわたって途切れることなく放映されているようです。果たして一日一日の境目が一体、どこなのか悩んでしまう状況です。しかしながら天地自然の大法則というのは、文化や科学が進んだからと言って変わらない不変のものです。

そこのところを母親がしっかり自覚していれば、途中で挫折して非行に走ったりすることの割合はうんと少なくなり、逆にその挫折をバネにすることのできる強い人間に成長していくのではないかと思います。

毎年一月一日（元旦）には、特別に早起きをして、いや31日からずっと起きていて、初日の出を拝みに出かけて、その感動を味わうという人を、新聞やテレビのニュースで見たり、聞いたりします。ということは日本人の大半の人が今、朝日を拝む機会というのはそれくらいのものであるということを示唆している状況といえるでしょう。いや、現在では初日の出を拝むということさえも容易ではないかも知れません。

そういう状況なので、朝日（ご来光）を見たことのない子供たちは意外に沢山いるのではないかと予測します。おそらくそれはテレビの画面を通して知っているだけではないかと思います。朝5時、あるいは6時に起きない子は一生、朝日の暖い陽光を浴びることはないでしょう。また天の啓示を受ける機会もないでしょう。

そういった自然崇拝の中心にある太陽の暖い恵みを意識した教育こそが、心身ともに健康的な人間を育て、感性をも磨いてゆくのではないでしょうか。大自然が人間を暖く見守りながら育ててくれるのです。日本の心を表現した「敷島の大和心を人問はば朝日ににほふ山桜花」（本居宣長）をもう一度勉強しなおさねば、日本の心は忘却のかなたへ消えてしまうでしょう。女性像は大和撫子の精神の勉強が大切でしょう。

親と子の交流

現代はあらゆる面において合理化され、便利さというものが止めどもなく追求され続けています。それによって母親の家事全般も文明の利器の開発により次第次第に楽になってきています。ところがその一方で、子供の母親に対する尊敬の念は少しずつ薄れつつあるような気がするのは私だけではないでしょう。

長男の武典が〝親と子〟と題する講演録で次のようなことを述べています。

「ある家庭で洗濯機が故障して修理が間に合わず、その日は洗濯が出来なかった。ところが次の日も修理ができて来ず、洗濯物が溜まってくるので、仕方なく手洗いでふうふう言いながら洗濯を済ませてホッと一息ついたところに、5歳になる子供が寄ってきて、『お母さん、洗濯してくれてありがとう』と言ったというのです。母親は何のことか分からずに『いつも洗濯はしてやっているでしょう』と言うと、『いや、いつもは洗濯機がしてくれているじゃないの』と言ったというのです。

この母親がその後、どのように感じたかは分かりませんが、胸をつかれるものを含んだ話ではあります。子供達は、御飯も、風呂も、食器洗いも機械がしているものだと思っているとすれば、母親は一体、昔に比べて何をしてやっているのでしょうか。時代が変わって、大変便利になりましたが、現代の母親像とは一体、どのようなものと子供達に見られているのかちょっと心配になってきませんか」

我々の時代には、ごく自然に当然のことと育まれてきた母に対する感謝の心が、現代の子供達にはあまりにも進んだ便利さ故に、母と子のコミュニケーションを断ち切ってしまっているのです。いわゆる便利さ故に失ってしまった代償というのはあまりにも大きいのではないかと思うのです。

私は7人兄弟（男4人、女3人）の四男として昭和19年に生まれました。私が物心がついた頃には、既に母の苦労を見てきていた兄、姉たちによって、母の家事の一部分ずつを手伝うということが当たり前のことになっていました。それだけに私の場合は必然的に何の違和感もなく、その環境に溶け込んでいくことができました。

そんな中で私の役割はというと、薪割りでした。薪割りは剣道において手の内をよくすると父から教えられたことや、それによって、食事や風呂がまかなえるんだという子供心にも誇りと満足感を味わいながら一所懸命に取り組んだものです。これによって斧や鉈《なた》や鋸《のこぎり》の使い方も自然の生活の中で身につけていったものです。

薪割りの後は、風呂の水を井戸からまず大きな瓶に汲み入れて、バケツでそこと風呂場を何度も往復したものです。だから今のように水の出しっぱなしや、またお湯の沸かしっぱなしということはありませんでした。さらには大家族ですから、風呂の水を無駄に使うことなどもありませんでした。資源の無駄使いには子供心に躾けられ、日本の立場ということも理解していったのです。

掃除の場所も決められていて、玄関については、家の前の公道をもまかなうというのが当時の日本の美風でもありました。その時間帯は近隣の人々が顔を合わせる朝のひとときでもあり、コミュニケーションの場となっていたのです。また隣の家が老夫婦ならば、その家の前の公道までも水まきをした後、掃いてあげるというのが常識として教えられたものです。

朝日と共に起きて、他人《ひと》のために何かをしてあげられるという心、清々しい〝作務の行〟を登校前にすませた一日の始まりは、何ものにもかえがたい心境になるものです。これは将来の公徳心の芽を育てた民族の誇りでした。またわが家では母を除いて全員が剣道に精進したので（子達が成人後母は居合道）家に残った母は大変でした。しかし家族共通の話題が常に貧しいながらも食卓には満ち満ちていました。

ところが今の世の中はどうでしょうか。善意のつもりでしても、勝手なことをするなと怒られてしまいそうな殺伐感というものが漂っています。また地方に行くと、向こう三軒両隣はもちろんのこと、地域性という特色を大事にし、広い範囲にわたっての人間同士の結びつきがあり、「おはようございます」「こんにちは」という挨拶は当然のことです。が、逆に都会では知らない人とは口をきいてはいけないという躾（？）の方が先です。だから人を信頼しなくなる。同じ人種同士の中で人間が人間を信頼し合わなくなっているのです。

昨年夏の全米選手権大会の数ヵ所のホテルのいずれでも気がついたことは、廊下ですれ違う度に日本でいうところの「袖振り合うも多生の縁」とばかりに異文化で異人種の人々が挨拶を私達に交わすのです。これこそが合衆国の強さ、団結の根源の一つだなと感じ、日本の美徳の消滅に一抹の不安を感じざるを得ませんでした。

このように人間関係というものが、どんどん狭められていく所以は、便利さの飽くなき追求によるところが大きいのではないでしょうか。そしてそれは先にも述べましたように、親と子の関係にまで影を落としてきているのです。親と子が相和してこそ、子供は健全な成長を遂げることができるのですが、現在は子供が親とともに生活に参加する機会がめっきり少なくなってしまいました。躾はその中で必然的に身についたものなのです。だからなのでしょうか。親が学校に子供の躾を要求するようになったのは……。躾というのは本来、家庭において成されるべきことです。

私がまだ子供の頃は、母親が陣頭指揮をとり、汗を流し、それこそ髪を振り乱して働く姿を見て、子供心にも母に苦労をかけてはいけない、そのためには先に述べたように、少しでも母の仕事を手伝って楽をさせてあげたいと思ったものです。それによって、さまざまな生きた学問をも学びとることができたように思います。その意味において、子供に躾教育をする場合には、親が子供に愛され、尊敬されているかどうかということが大事ではないでしょうか。学校教育も同様です。

「子供を教育する場合に、親たちはまず自分を正しているだろうか。子供に『テレビばかり見てはいけません』と言いながら自分はドラマの番組にしがみつき、子供には『本を読みなさい』と言いながら自分は週刊誌を二、三頁読むだけでぱたりと眠ってしまうような生活をしてはいないか」

（『絶望からの出発』／曽野綾子）

しかしながら現在は、手間ひまというものがあらゆる面において省略された時代になって、日本人本来の意識そのものが知らず知らずのうちに変えられてきているようです。

〝喉元過ぎれば熱さを忘れる〟と言われますが、その熱さ、すなわち苦しさや恩をも体験することがなくなっているのではないでしょうか。だから右から左へ一気に、あるいは左から右へ一気に、極端から極端へと安易な方へ安易な方へと流されてしまうのでしょう。便利が進めば進むほど、そこから怠惰が生まれるということを我々は肝に銘じておかなければならないと思います。まして日本人の便利さへの追求は世界一の進歩を遂げ、それ故の経済大国となっているから尚更です。

母の力は偉大なり

それでは我々は一体、どうしたらよいのでしょうか。今さらもう既に定着してしまった便利さを全面的に放棄するという勇気はありません。

人間が本当に人間らしく生きる。それにはやはり、先に述べたように自然との関わり合いを今一度、見直して、それに根ざした生活を励行するということでしょうね。だから今こそ、自然に触れ合い、体験学習のあり方というものを改めて見直し、真剣に討議されていくべきではないかと思います。その出発点が朝に強い人間づくりということであり、母親自らがその大切さを認識し自らが率先垂範することだと思います。

幸いにして、剣道に取り組む女性は増加していると聞きます。剣道はこの自然に密着して、日本人が日本人たるべくさまざまな教えを、心身両面にわたって真剣に取り組めば取り組む程、我々に提供してくれます。朝稽古もありです。その意味で剣道の果たす役割というのは、今のような時代だからこそ理想の母親像を形成する上において非常に大きいのではないかと思います。

また家庭においては、母と子の会話をより多く設けることも必要ではないかと思います。寝物語に本を読んでやるということなども、大変に億劫《おっくう》になってきているのが現実ではないでしょうか。

戦争で死んでいく時には、そのほとんどの人が「お母さん！」と叫んだと言われます。人によっては、そんなことを考えること自体が不謹慎だと言われるかも知れません。が、裏を返せば、それほどに母の影響力というものは大きいということです。

子供の頃に母から受ける情操教育ほど大事なものはありません。その重要な柱が崩れてしまったということが、平成元年に世間を震撼《しんかん》させた連続幼女誘拐殺人事件や女子高校生コンクリート詰め殺人事件という残酷な事件が相次いで起こった一端となったのではないかとも思います。それはある意味で、日本独自の自然という母なる大地に密着した教育の崩壊を意味します。躾教育の堕落が、このような崩壊を巻き起こしたのです。

我々が今、国際人の条件は何か、と尋ねられたなら、果たしてどう答えるでしょうか。まず、英語がしゃべれることと、ほとんどの人が答えるでしょう。もちろんそれも外国人と直接意思の疎通を図る上において大事な条件ですが、それ以前に、自国の歴史、文化をきちんと学んでいる人、すなわち何よりもまず、日本人らしい人でなければならないと思います。そうでなければ、彼らは我々とつき合おうとはしないはずです。真の国際交流とは、異文化に育ち、それを真剣に学んだ人同士の切磋琢磨ではないでしょうか。現在の教育姿勢そのものが、「敵を知り、己を知る」ではなく、「敵を知り、敵を知り……」という相手のことばかりに眼が向いてしまっているのです。いわゆる〝脚下照顧〟、自らの足下が疎かになってしまっているのです。

教育とは何ぞやというと、即座に進学に結びつけてしまうことなどもその一つの表われではないでしょうか。名門中学から高校、大学、そして一流企業に入るという一筋のレールしか見えていないのです。だからそのレールに乗っかっていないものは認めようとしないというのか、尊敬できない。そして親も子供もそのレールを踏み外してしまうと、人生真っ暗闇という大きな挫折感を味わい、そこからなかなか立ち直れないのです。

親が子供に対して本当に期待しなければならないことは、そういったことなのでしょうか。あまりにも視野が狭くなって、躾教育本来のものが見失なわれてはいないでしょうか。このレールは数百、数千本のほんの一例にすぎないのに、そこしか目に見えてこない。マスコミや大企業の広告に翻弄されていることに気がついていないのです。

その意味においても、母親というのは、自らの役割を十二分に認識しなければならないと思います。ある意味では彼女たちは日本の将来を左右するといっても過言ではない程の大きな、大きな影響力を秘めているのです。外で働き戦っている父親と相和して子育てに励むならば、日本の将来の暗うんは取り除かれるでしょう。その意味においても母の力は偉大なりです。

第十九章　剣道は芸術である

約3年間（昭和63年7月号～平成3年4月号）にわたって、あらゆる角度から論じてきた「剣道藝術論」も、今号をもってひとまずの区切りとしたいと思います。

そこで、そもそもこの連載が開始された発端となり、その後、一貫した柱となっていた「剣道は芸術である」という大前提に今一度、立ち返り、剣道の意義、その果たす役割について述べてみたいと思います。

剣道とは何ぞや⁉

まず、芸術の「芸」という文字を調べてみると、「人が植物を土にうえ育てることを示し、不要な部分や枝葉を刈り捨ててよい形に育てる」ということであり、同様に「術」という文字を調べてみると、「長年の間、人がくっついて離れない通路をあらわし、転じて、昔からそれにくっついて離れないやり方、つまり伝統的な方法のこと」を意味するということです。

このそれぞれの意味を把握した上で、「芸術」という言葉を改めて考えてみると、それぞれの分野の伝統的な方法を踏襲し、その業を育てるということであると考えられます。言い換えるならば、真実・真理というものをあらゆる手段、いわゆる絵画、音楽、演劇、文字、写真などの形式を借りて表現しようとするものです。そして表現方法においては、修錬を重ねるに従って無駄な部分が切り落とされ、業そのものがより真実、真理に迫れれば迫れる程、その芸術性というのは高まってくるということが言えるのではないでしょうか。

真実・真理の探究、そして追求、さらにまた剣道は本来、生死をかけた真剣勝負であるということを考え併せると、最高の芸術であると言っても過言ではないと思います。

この芸術の中に学問があり、文化があり、ひいては人生そのものがあるのです。

しかしながら現実はというと、そんな高い芸術性を持っているにもかかわらず、単なる叩き合いに堕している場合が多いのです。果たして「剣道とは何ぞや」という核心をつかれた質問を浴びせられて、明確に答えることの難しさに戸惑《とまど》う人が斯界には多数おられることも現実ではないでしょうか。

私にとって剣道とは、魂であり、生きがいであり、人生そのものです。何故ならば、剣道を通して、あらゆる面においての大黒柱を築いたからです。その意味で剣道というのは普遍的な要素をもっていると言えるでしょう。

その私からもし剣道を取り上げてしまうならば、大黒柱を取り除かれるようなもので、あとに残るのは、外壁だけという感じです。

しかして剣道は学問であり、文化であり、人生をも含んだ総合芸術であるという意識をもって取り組んでいた結果、必然的に名誉や地位や試合においては勝利といったものが、向こうの方からやってきたというのが実感です。

だから尚更、剣道というのはありがたいものだなという気持ちを強くしています。ある意味で人

気品ある剣道を求め続けた持田盛二範士十段

生に潤いを与えてくれた砂漠の中のオアシスのようなものです。

が、それをオアシスと心懸けて取り組むか、どこまで行っても不毛の砂漠と勘違いして取り組むか。それが芸術としての総合剣道と、競技としての剣道の分岐点であると思います。

技術・体力のみによる剣道というのは、日照りが続けばその消耗度は加速度的です。すなわちピークを過ぎたある年齢に達すると、自然淘汰を余儀なくされるわけです。そんな何の未練もなく、いとも簡単に剣道ごちそうさまと言える状況が多いのです

何故、そんな状況が数多く見られるのでしょうか。それは指導者が潤いのないところをのみ抽出して、いや潤いの部分に気がつかないで指導しているからではないかという気がします。私の場合は逆にその潤いを人生の糧にしているわけですから、私から剣道を取り上げてしまうと、途方に暮れてしまうでしょうね。

「高校時代はあらゆることを犠牲にして、剣道に明け暮れたお蔭で青春がなかった」という話をよく耳にしますが、それは裕《ゆと》りや潤いの教育的指導がなかったからです。まだ選手になって試合に出て勝ったり負けたりという経験のある人は、それがある種の想い出となるので、まだしも、ということでしょう。

強い生徒が揃っている年には指導者もやる気充分ですが、揃わない年には情熱が半減している現場の状況を拝見して教育とは一体、何なんだろうと考えさせられてしまいます。

よく遊び、よく学べ

ある外国の剣道家がここ数年の全日本選手権大会を見て、

「スピードは感じる。しかしそれだけであり、尊敬できない。これだと将来我々外人から見ると、パワーで追い付き追い越せる。何か心に訴えるものが見たい」と言っていました。彼は日本の文化に関心を抱いたことからその実践体験として剣道に取り組み始めただけに、よけいにその意を強くしたのでしょう。ある意味で彼は日本人以上に日本人らしいと言っても過言ではないと思います。ところが肝心の日本人でそのことに気がついている人が少ない。とくに試合至上主義で取り組んでいるある日本の剣道界を代表する分野の人がそれに気がついていないのです。それに気がつけば、おそらく途端に試合には勝てなくなるでしょう。が、負けてはならない。その心を備えて勝ってこそ、剣道本来の価値があるのです。

すなわち現在の剣道には、学問や文化という要素が感じられないことが一般の人に理解されない最大の理由となっているということです。こういうと、「俺は毎日毎日、朝から晩まで稽古に明け暮れて、勉強などする暇がなかった」と、口実、弁解をするのが精一杯の人も多いのではないでしょうか。実は剣道が武で机上が文だと勘違いしているのです。

この学問という要素があるからこそ芸術であり、ひいては人生たり得るのです。それを取り除いてしまうと、ただ単なる運動にしか過ぎなくなります。

先日、テレビである柔道の大会を放映していましたが、解説者は選手のことを「プレーヤー」、畳のことをマットと言って表現していました。それは柔道の完全なるスポーツ化を意味します。逆に柔道の場合は、今では武道と言われることの方に違和感を感じる人が多いのではないでしょうか。

それでは剣道の場合はどうでしょうか。今もって「剣道は武道かスポーツか」と論議されるように、徹底していない。剣道が競技やマスコミや普及度において柔道に立ち遅れているような気がするのは、ある意味でこの徹底さに欠けているからだと思います。我々は中途半端な思想の下にそれに取り組んでいるのです。確かに『剣道の理念』が斯界には確固として存在しますが、万人を納得させるには、「剣道は人間形成の道である」だけでは、やや不十分ではないかと思ったりします。

斬るか、斬られるか。まさに生死を分かつ真剣勝負においては、本来、そこには芸術性とか、文化性などと、悠長なことを言っている余裕などありません。

しかしながら、そのことが「戈《ほこ》を止むるを武となす」という武道、いわゆる活人剣にまで昇華されてきた。そのことが芸術性を備えてきた所以ではないかと思います。その意味において、剣道というのは、他の分野の芸術とは、趣を異にしたこれまでにない新しい分野の芸術であると言えるかも知れません。新しい分野の芸術、それが武道ではないかという考え方です。

スポーツに芸術性がないとは言えませんが、それはあくまでも「芸術性がある」という表現に留まって、芸術そのものではないと思います。スポーツと芸術は互いに関連性をもっていますが、それらは全く別の領域であるはずです。

私が「剣道は芸術である」と断言し、「芸術性がある」と表現しない所以はそこにあります。すなわち剣道は芸術の分野にあって、競技性をも備えているという考え方です。ここのところが最も誤解を生み易いところであり、大黒柱をどこに置くかによって価値観というものも違ってくるということです。

たとえば正座を例にとって考えてみると本来、それは「やすらぎの文化」であるはずなのに、罰則のためにやらせるもの、やらせられるものと間違ってそれを捉えている人は意外に沢山います。床に対して、重心を低くして座るというのは、精神を安定させ、やすらぎを生むものなのです。ところが長時間にわたって正座をしていると、足にしびれを感じ、苦痛となるものだから、先に述べたように、それは制裁の一種と置き換えられてしまっているのです。教育者の勉強不足により、間違って捉えられている典型的な例と言えるでしょう。

ある時、学校教育の現場で偶然にも遭遇したのは、高校の正課授業の現場で、教師はトレーニングウェア姿でズック靴履き、竹刀はまるで棒切れか鞭のように片手に抜き身のように持ち、その竹刀を采配がわりに使っている姿を見て、愕然としてしまったものです。そして正座など一切なく、立位、立礼だけだったのです。また、生徒の着装もトレーニングウェアに防具を付けてアップシューズを履いている様子は、何か別の物を観ているような驚きを覚えたものでした。しかもこのスタイルの指導法が80%以上と聞くに及んで暗澹たる思いがしました。

私は週に一度の剣道の授業において、始めの5分間を正座の時間としています。呼吸を整えまぶたに僅かな光を感じるくらいに軽く目を閉じ（いわゆる半眼）、座っていると、何かしら心の中に感じるものが生じてくるはずです。都会の喧噪の中にあるからこそよけいに、慣れてしまえば足に感じる苦痛以上に、僅かな時間ですが、やすらぎを感じるはずです。いわゆるそれは感性を養うということの一環と言えるでしょう。

日本の文化がこの「やすらぎの文化」と言われる所以は、茶道、華道、書道、香道等々の道に発展して、世界に誇れる文化となったことであり、格技から武道への意義も、この伝統的文化遺産を原点にかえって剣道にも取り入れ、日本の将来を担うであろう生徒達に継承すべきであると示唆しているものと信じます。稽古着・袴に木刀（のち竹刀）で基本作法・剣道形が前期十二時間のカリキュラムです。

「よく遊び、よく学べ」、使い古された言葉ですが、これが私が理想とする指導理念です。めり張りのある緊張感と裕り。この二つの要素がバランスよく備わってこそ、本当の意味での人間らしさが育まれるのではないでしょうか。

そして〝よく〟という副詞がその前についているように、真剣に、徹底してということを忘れてはなりません。それによって人にやらされるから仕方なく取り組むのでなくて、何事にも前向きに、自ら進んで取り組んでいく行動力、判断力、決断力の伴った生き方が身についてくるのではないでしょうか。「朝に強い人になれ」の躾教育もしかりなのです。

こうなれば、正直言って芸術の領域を超越しています。ところが現在の剣道は最も基本的な目安となる芸術の域までも達していないのです。いや、芸術という感覚さえ、受け入れられていないのです。

「千里の道も一歩から」「ローマの道は一日にしてならず」、一歩一歩大地をしっかりと踏みしめ、一日一日を精一杯生きていくならば、必ずや視界は開けてくるものです。

私は幸いにも代々武道一家という好環境に生まれ育ち、七人兄弟姉妹の四男として、三歳から剣を学び、絶海の孤島である五島列島の大自然のうつろいと共に切磋琢磨して成長し、さらに師であり、父でもある「武雄」の教育理念の下に必死にどの兄姉よりもある時はより抵抗もし、またある時はより従順でもあり、ということをあたかも仏道の輪廻《りんね》のごとく繰り返しながら現在に至り、それだけにそれぞれ八十六歳、八十五歳に老いた父母に対する恩もひとしおの思いです。そんな感謝の気持ちが藝術論の原点となって、当初、予想だにしなかった三年間もの長きにわたった連載となりました。

剣道という中には、森羅万象に通じるまだまだ限りない教えが秘《ひそ》んでいるのです。

その意味において、藝術論というテーマで取り組んできたことは、微力ながらも「斯界に一石を投じた」との励ましも多数頂戴致しました。今後も初心を忘れることなくさらに飽くなき精進と探究を続けてゆきたいと思っています。

最後にこの藝術論の筆を擱《お》くにあたって、これまで私を公私にわたって育てていただいた大野操一郎先生を始めとする諸先生に感謝を申し上げ、また当時の『剣道時代』の小沢局長（故人）はもとより、光成耕司編集長と藝術的写真家の徳江正之氏（故人）との三人四脚があったればこその感謝と、そしてこの度の復刊にあたって尽力いただいた伊藤幸也編集者に感謝と、お読みいただいた読者の皆々様に誌上をおかりしてお礼を申し上げます。

合掌

令和三年十一月三日

本書収録の作品は、月刊誌『剣道時代』に掲載されたものです。このたび平成三年に刊行されたものを添削して新装改訂版として発行した。

初出一覧　第一章　五島の剣（平成元年10月号）、第二章　剣道家の迷走（平成元年11月号）、第三章　相和する（平成元年12月号）、第四章　戦いの手順（平成2年1月号）、第五章　優雅（平成2年2月号）、第六章　稽古の本源を探る（平成2年3月号）、第七章　原点からの出発（平成2年4月号）、第八章　危機一髪の臨機応変（平成2年5月号）、第九章　有効打突の研究（平成2年6月号）、第十章　大道透長安（平成2年7月号）、第十一章　点を線で突く〝突き技〟の極意（平成2年8月号）、第十二章　氣を錬る（平成2年9月号）、第十三章　感性を育てる（平成2年10月号）、第十四章　目の付けどころ（平成2年11月号）、第十五章　三殺法（平成2年12月号）、第十六章　全日本剣道選手権大会再検証（平成3年1月号）、第十七章　上段（平成3年2月号）、第十八章　母について（平成3年3月号）、第十九章　剣道は芸術である（平成3年4月号）

馬場欽司（ばば・きんじ）

昭和19年12月５日長崎県福江市（現五島市）に生まれる。長崎県立五島高――国士舘大学体育学部卒（昭和41年度）。学生時代に関東、全日本学生優勝大会でそれぞれ２回優勝。昭和40年関東学生選手権２位、41年全日本学生選手権４位。卒業後も全国教職員大会２回、国体、全日本都道府県対抗においてそれぞれ優勝、全日本選手権東京都代表など各種大会で輝しい実績を誇っている。さらに昭和63年には第34回全日本東西対抗（青森）に東軍代表として２度目の出場。また同年の全国教職員大会では東京チームの監督を務め、優勝に導いた。海外の剣道指導にも尽力した功績により、全米剣道選手権大会がテキサス州フォートワース市で開催されたとき名誉市民賞受賞。ブラジル・サンパウロ市において市議会賞と市議長賞を受賞。平成27年国士舘大学名誉教授・感謝状受賞。令和元年東京学連剣友会創立55周年記念感謝状受賞。現在、国士舘大学名誉教授。剣道みらい塾塾長、雄心塾塾長。古流越後流居合抜刀術宗匠。剣道教士七段。

続 剣道藝術論 新装改訂版

令和３年12月５日 初版第１刷発行

著　者　馬場欽司
発行者　手塚栄司
発行所　株式会社体育とスポーツ出版社
〒135-0016 東京都江東区東陽2-2-20 ３階
ＴＥＬ　03-3291-0911
ＦＡＸ　03-3293-7554
Ｅメール　eigyobu-taiiku-sports@thinkgroup.co.jp
http://www.taiiku-sports.co.jp
装幀・本文デザイン　㈱タイト
印刷所　日本ハイコム㈱

ISBN978-4-88458-431-3 C3075　Printedd in Japan